中国共产党诞生地
出版工程

龙华英烈画传系列丛书

李求实画传

中共上海市委党史研究室　龙华烈士纪念馆　编

黄秋雨　著

上海人民出版社

出版说明

"一个有希望的民族不能没有英雄，一个有前途的国家不能没有先锋。"习近平总书记强调，对一切为国家、为民族、为和平付出宝贵生命的人们，不管时代怎样变化，我们都要永远铭记他们的牺牲和奉献。为弘扬以伟大建党精神为源头的中国共产党人精神谱系，用好英烈红色资源，号召在全社会树立崇尚英雄、缅怀先烈的良好风尚，从中汲取为中华民族伟大复兴继续奋进的强大精神力量，由中共上海市委宣传部组织，中共上海市委党史研究室、龙华烈士纪念馆编写龙华英烈画传系列丛书，致敬为真理上下求索、为信仰奋斗牺牲的革命先驱们。

上海市龙华烈士陵园（龙华烈士纪念馆）是党的创建和大革命时期、土地革命战争时期著名英烈人物最为集中的纪念地。在新中国成立前中国共产党产生了171位中央委员，其中有42人牺牲，在龙华牺牲了7位，占六分之一；首届中共中央监察委委员10人中有8人牺牲，在龙华牺牲了4位，占二分之一；其他曾在龙华被押过的革命者更是数以千计。2021年7月，为庆祝中国共产党成立100周年，首度编辑出版"龙华英烈画传系列丛书"，分成 11 册，讲述了罗亦农、杨殷、彭湃、陈延年、赵世炎、陈乔年、林育南、杨匏安、张佐臣、许白昊、杨培生 11 位龙华英烈的事迹。现再推出李求实、柔石、胡也频、冯铿、殷夫"左联五烈士"的画传，分 5 册，按照英烈生平脉络，选取若干重要历史事件，配以反映历史背景、切合主题内容、延伸相关阅读的丰富历史图片，以图文并茂的方式叙写龙华英烈们在风雨如晦中坚持真理、坚守理想，在筚路蓝缕中践行初心、担当使命，在艰难寻路中不怕牺牲、英勇斗争，在生死考验中对党忠诚、不负人民，把人生价值和理想追求深深植根于谋求民族复兴、人民幸福之中，彰显早期中国共产党人为中国革命披肝沥胆的无畏与牺牲，实现救国救民的初心与力量。

丛书所收录的图片和史料多源自各兄弟省市党史研究室、纪念场馆，以及中共上海市委党史研究室、龙华烈士纪念馆等的公开出版物及展陈，或源自英烈后代、专家学者的珍藏。基本采用历史事件发生时期的老照片，但由于年代久远且条件有限，部分无法直接利用的老照片，或进行必要修复，或通过对现存史料进行考证后重新拍摄。

丛书反映内容跨度长、涉及面广、信息量大且年代久远，编写人员虽竭尽全力，但不足和疏漏之处在所难免，敬请广大读者批评指正。

目 录

白云黄鹤是故乡

LI QIUSHI

金口，古名涂口，以金水河入长江之口得名。位于湖北省武昌县西南，自古人文荟萃，景色秀丽，素有"黄金口岸""小汉口"之称。1903年8月12日，李求实出生于当地一户破落的书香门第家庭。青少年时代，他目睹中国内忧外患，积极投身时代洪流，探索救国救民道路，成为五四新文化运动的热情战士。

有志少年

李求实原名国纬，字北平，依据李氏家族"万国齐泰"的派系，兄弟四人按"纲纪经纬"的顺序取名，李求实排行第四，故名国纬。参加革命后改名"求实"，1928年在上海做文艺宣传工作时，改用"伟森"的笔名。这两个名字也是大众所熟知的

李求实

古镇金口风景图（载于清乾隆《江夏县志》）

1989年绘制金口镇图

名字。他曾向萧楚女解释说："我的这个'求'，是不断地探索追求真理，求得民族与劳苦大众的解放；这个'实'是用实事求是的态度去战斗。""男儿要刚，要做国家顶天立地的伟之森林……"

在李求实祖父的一代，李家在金口镇是个"家声大振"的封建名门望族。后来在洋货倾销的竞争中，渐渐败落下来，黯然失色。李求实的父亲李华龙，字秉之，号庭方，是清代江夏秀才。他为人倔强，以"劳不混财，学不谋仕，强者不畏，弱者不欺"的"清白自强"而自居。他唱得一口好京剧，闲来无事，就拉一曲歌一段聊以自娱。李求实的伯父李宪青，字梯云，号检星，是闻名武昌城街头里弄的"奇疯子"。他也是清代秀才，且擅长作画。经常将自己卖字画所得的银两，接济四乡穷苦人。当时，在金口镇和武昌长街（今司门口一带），有许多字号招牌是他书写的。

李求实自幼跟着父亲念书，后来在镇上的私塾学习。他聪明好学，喜爱读书。闲暇时，常常流连于当地名胜古迹场所。他曾将家里的一本商用流水簿改做成《金镇景物记》，将当地的留云亭、吴王庙、丁公寺等"九庙八景"上的诗碑、石刻等文章，一一抄入流水簿中。家中藏书较多，他最喜爱的是《陶谷诗人集》，此书是清代在衡山做官的金口镇人段以融编写的，此人因读陶渊明《辛丑岁七月赴假还江陵夜行涂口》诗有感，故而以"陶谷"自称，将历代作有金口的诗文编注成集。热爱故乡的李求实，非常喜爱阅读这些歌颂故乡山川的诗文。在他参加革命后曾回到金口，以如椽之笔写下一首七律《重登留云亭》，深深地抒发了自己热爱故乡之情和埋葬旧社会之志。

涂川久系古城色，雄踞金江盛一时。

史册犹存千秋墨，留云还诵渊明诗。

......①

归来不是锦衣客，甘作阴霾掘墓儿。

（据中共武昌县党史办公室藏件）

李氏家族败落后，李求实举家搬迁武昌城，定居吉祥巷。父亲在武昌大陈楼孔庙等地以教书为生，也因其爱摆虚伪阔绰的假场面，强撑门面，使得家庭经济情况愈来愈苦。母亲赵氏料理家务，勤恳耐劳，生育了四男三女，求实排行第六。1918年母亲病死，为了管理家务，父亲再婚，继母又生了两个女儿。他兄弟姐妹九人，大哥国纲早年客死他乡，二

---

① 此处原缺。

耸立在金口槐山之上的留云亭

武昌孔庙大成殿（位于今大成路武昌实验小学黄鹤楼校区）

哥国纪被兵痞倒栽在水缸中淹死了，三哥国经因婚姻失意自杀，大姐国梅出阁不久病故，二姐国楠因婚姻失意自杀，还有四妹国橘，五妹国揆，六妹国杭。家庭经济的困苦和亲人的不幸，使得求实从小就尝尽生活的苦。在小学读书时，他担心母亲操劳过度，为免得鞋子穿破，常常背着父母在布鞋上裹着稻草出门，放学回家时就将稻草藏在大门后。当母亲发现了他的这个"秘密"时，心疼得泪流不止，其淳厚克己的性格由此可见。

李求实八岁时进入武昌小学读书，勤奋刻苦，成绩优异，从不满足于课本上的知识，因无钱买书，常在课余时间去商务印书馆、中华书局武昌出售部博览群书。1917年小学毕业后，他越级投考高等商业专科学校（简称高商），投考前同学们认为他是自不量力，哪知发榜时名列前茅，从此大家不能不对他另眼相看。他的领悟力特别好，一年竟把高商三年的课程全部学完。一位教数学的老师看到他一学就会，惊叹道："像你这样的学生，我怎能教你，你还可以当我的老师呢！"这时，新文化运动的浪潮正荡涤神州大地，李求实也深受影响。他反对学校鼓吹孔孟之道，敢于动员同学罢课，对抗要求写八股文的国文教师；在家敢于反对父辈所遗留的前清士大夫的恶习，谴责旧礼教致使他的二姐成为包办婚姻的牺牲品，并画了一幅披着长发跪在地上做祈求状的女子，在绝望中希求挣扎，在悲哀中露出愤恨，以表达对姐姐的同情；他经常教导鼓励幺妹，并为她起草了一个誓言，引"独木不能成舟"的成语，作为誓词的卷头语，要妹妹克服私心，多与同学们接近，多读有益的书籍。

武汉地处九省通衢，紧邻长江，作为全国水陆交通的地理中心，不仅是清廷控制的重地，也是西方列强争夺的地盘之一。鸦片战争以后，随着资本主义列强势力的扩张，汉口、宜昌、沙市相继开埠，湖北逐步沦为半殖民地。帝国主义国家在武汉设立租界，一江两岸，一望都是外国人的兵舰，官兵常常坐舢板上岸，以采买菜蔬为名，撞入民房，偷鸡摸狗，无所不为。可以说，李求实成长之际正值祖国最危难之时，他看到的是帝国主义的飞扬跋扈，经历的是封建军阀的残忍狠毒，听到的是劳苦大众的痛苦呻吟。任何一个有热血的人，静夜自思，无不心急如焚。对普通群众的艰难困苦深有体会的李求实，无比渴求可以指引他帮助家人邻里摆脱困境的新思想。在高等商业专科学校学习基本课程以外，他孜孜不倦地阅读各种进步报刊杂志，寻求救国救民的真理。尤其热爱阅读《新青年》，他表示"每当读《新青年》时，就感到原来如同生活在混沌里面，而现在渐渐醒悟过来，真像是在黑暗之中见到了曙光。"由于当时新思想主要来源于西方世界，李求实就利用业余时间在湖北外语专科学校学习外文，以便直接

湖北省地图　清光绪年间绘制

汉口英租界市景

汉口码头

汉口鸟瞰，成为通商口岸后，外国人纷至沓来，所建房屋为各国不同的建筑风格

李求实画传

《新青年》第八卷第一号，
1920 年 9 月出版

阅读外文刊物，常常是夜半而归。这不仅增加了他的学识，也为他日后翻译众多优秀作品打下了坚实的基础。

五四洗礼

1915 年开始兴起的新文化运动，高举科学与民主大旗，在全国范围内掀起声势浩大的启蒙运动。湖北地区特别是武汉地区的先进分子和有志青年深受鼓舞，身体力行，涌现出众多以抨击封建专制和文化为己任的进步团体。1917 年 10 月 8 日，恽代英等武汉进步青年和学生，在中华大学（今华中师范大学）发起成立以"群策群力自助助人"为宗旨的互助社。这是新文化运动中，在长江中下游产生的第一个进步团体，也是全国最早的进步社团之一。湖北地区进步青年和学生迅速团聚在它的旗帜之下，李求实在外语专科学校同学廖焕星的介绍下也加入社团。社团制定了每日反省表，自动戒约：（一）不谈人过失；（二）不失信；（三）不恶持；（四）不作无益事；（五）不浪费；（六）不轻狂；（七）不染恶嗜好；（八）不骄矜。社员每日都要开会，"每次开会首静坐，数息百次，继续前会记录，每人报告一日经过"，最后还要诵读《互励文》。李求实深受此作风的熏陶，始终保持了一身正气。也正因为互助社实行严格的组织生活，武汉地区的早期共产党人多是互助社社员或其同人，如：林育南、萧楚女、李求实、林育英等。

私立武昌中华大学校门

恽代英

《互励文》部分内容

不久，俄国爆发十月社会主义革命，建立苏维埃政权，成为人类历史上的划时代事件。这场革命给正在苦闷中摸索、在黑暗中苦斗的中国先进分子展示了一条新的出路。互助社从中得到启发，开始"以俄为师"，思考运用无产阶级先进思想改造中国社会，以实际行动探索救国之路。恽代英、李求实等互助社社员于1918年6月在中华大学创办启智图书室，收集全国各地出版的宣传新文化、新思潮的刊物，如《新青年》《新潮》《星期评论》等，供校内外青年借阅，旨在使他们"知道世界最近政潮、思潮大概的必要"。互助社还"本着不拘名义、不拘办法的精神"帮助其他人来成立社团，先后协助组织起了"辅仁社""黄社""仁社""为我社"和"健学会"等进步社团，这些社团以同学、同乡为联系，力图"建立一个团结、培养一代善良公民的社会团体"，在武汉三镇的学校中间加强了进步青年之间的联系。互助社的产生和发展反映了李求实等青年知识分子作为新生力量，追求真理、追求民主的愿望，对国家命运的关心与思索，为挽救民族危亡的不懈努力。尽管当时的社团活动还有着局限性，但却帮助社员打开遏制新思想涌流的闸门，从而在武汉地区掀起一股思想解放的潮流。这个潮流是生气勃勃的、前进的、革命的，都在潜移默化中推动着李求实的思想发展。

1919年5月，李求实在高等商业专科学校读到第四个学期时，五四运动发生了，犹如在黑夜沉沉的中国发出的一声春雷，立即震动全国，赢得了各地群众的声援和支持。5月6日，《汉口新闻报》刊载了来自北京的学生运动情况："（五月四日北京电）昨下午京校学生游行，对山东问题要求各使馆维持，过曹汝霖宅，冲突致曹西院，于章宗祥被殴至受伤。"几十字的短讯引爆了武汉的舆论，支持学生运动的声音纷起，其中学界对北京的反应最为强烈。当晚，恽代英与林育南等学生商议支持北京爱国学生之事，连夜起草并油印了600份《勿忘五月七日之事》，鼓舞武汉人民投身爱国运动，被师生争相传阅，反响巨大。随后，

1919年5月4日，北京学生举行游行示威，图为当时北京大学学生的游行队伍

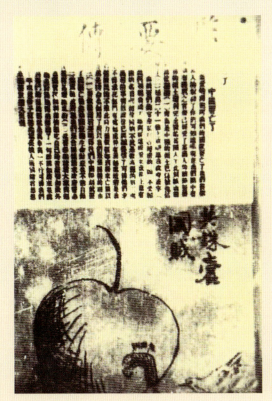

林育南

1919年5月6日，恽代英等进步青年起草的爱国传单，呼吁共诛国贼，奋起抗争

《申报》1919年5月24日报道武汉学生团之游行大会

在恽代英的领导下，武汉各学校联合成立武汉学生联合会，领导全市学生举行游行示威。李求实和同学们一起集会游行，高举写有"打倒卖国贼！打倒王占元（湖北督军）！"等字样的蒲扇，足迹遍布阅马场、武昌路、抚院街、司门口、大朝街等地。一路上口号声此起彼伏，传单上下飘舞，武汉群众无不为之动容，游行队伍所到之处，他们纷纷送来茶果，慰劳学生，然而都被学生婉拒，大家直言"只要诸君齐力进行，胜于茶果之酬报万万。"

面对日益高涨的学生爱国运动，湖北省当局大为震骇，督军王占元不但禁止一般集会，还紧急召集各校校长开会，命令"凡认为煽动印刷品类一律严禁阅看"，从北京、上海各处寄来的信件也要严格检查，如关涉学生运动则立刻销毁，并加派军警严格控制各交通要道。5月26日，武汉学生联合会开会决定响应北京、上海、天津的罢课风潮，公决自6月1日开始实行总罢课。王占元得到消息后，派军警从6月1日清晨开始严守各校门，李求实等人为确保行动顺利开展，带头翻墙冲破军警的包围，到达演讲地点，亦被军警干涉，学生游行队伍与军警发生极惨烈之冲突，"至于其他各街市之巡逻军警，首尾相衔，不绝于途，交通几为之断，以致市上人民均各相顾失色，残惶万状，莫知其故"。学生或受伤、或被捕、或牺牲，发生了轰动全国的"六一惨案"。为要求释放被捕学生，李求实和同学忍着酷暑与饥饿，夜卧街

武汉学生为国流血记

六一惨案中，被军警殴伤的武昌中华大学学生在治疗中

五四运动中，武汉学生
请愿团标记

武漢學生受厄呼籲電

声援"六一"惨案的游行队伍

头，在都督府门前示威抗议。同时，积极印发传单向全市人民揭露湖北反动当局和卖国贼的丑陋行径，从底层民众到工商界、省议会莫不纷纷出动声援学生，一场罢课风波迅速扩展至工商实业界，很快演变为罢工与罢市，反动政府终日惶惶不安。在社会舆论的强大压力下，"三罢"斗争最终迫使湖北督军署释放被捕学生，并致电北京政府，要求拒绝在巴黎和约上签字。

这次学生运动是李求实首次参加的革命运动。如果说《新青年》等进步杂志启蒙了李求实的思想，那么武汉学生爱国运动则是直接推动他转化为坚定的民主主义战士。与此同时，这场运动还推动了武汉新文化运动的深入发展和马克思主义在武汉的传播，为武汉共产党早期组织的建立和中国共产党的成立提供了思想基础。

利群书社

经过五四运动的洗礼，李求实对旧的教育感到厌恶，决心脱离学校，他给校长写了一封信，要他改革教育，抨击旧的教育制度是"腐败透顶，贻误青年"，并称"全部讲义原封退还，幸好我未沾它的一点气味！"其后，李求实便离开学校，全身心从事社会调查，于同年秋去湖南活动，先后在《湖南》杂志上发表《水口山铅矿调查记》《湖南学潮之前因后果》等文章。其中在对湖南常宁水口山铅矿的调查中，李求实了解到矿场拖欠工资，工人方面，时起冲突且斗争无果，无力养家糊口的情况，并"尽情而吐，无所忌讳"地提出了对该矿的改进意见。事实上，当时全国各地都有劳资冲突，也发生各种各样、规模大小不同的罢工运动，但是这些大都属于经济意义的斗争。就是说，工人阶级处在半封建半殖民地的黑暗统治之下，活不下去了，自发起来和资本家做斗争。这时的李求实，虽然对社会政治有着力求革新的进取精神，但是还染着改良主义的色彩，这在同一时期撰写的《争自由》《自治乎人治乎》等文章可以看得出来。但此次的社会调查，也使李求实更深刻地认识到国家内乱、人民受苦的根本原因，更坚定了他实践互助社改造社会的志向。

中国的先进分子对社会主义的认识有一个发展过程。开始时，他们对社会主义还只是一种朦胧的向往，犹如"隔着纱窗看晓雾"，一时还分不清科学社会主义与其他社会主义流派的界限。无政府主义、新村主义、合作主义、泛劳动主义、社会民主主义等观点在各种刊物上纷然杂陈。1920年2月，受到无政府主义思想的影响后，恽代英、林育南等人在武昌横街头18号，以互助社为基础创办以"利群助人，服务群众"为宗旨的利群书社。受到巨大号召力的互助社等众多进步团体的成员纷纷加入利群书社，使之成为具有广泛联系和较大影响的武汉进步青年联合

利群书社旧址——武昌横街头

1920 年李求实（右 3）与林育南（右 4）、恽代英（右 5）等人在湖北合影

共同生活的社會服務 (惲代英)

再換個法子說，我們一切幫助社會的法子，無非是林門向社會⋯⋯準我方面⋯⋯同社會，亦不肯把自己學業完全撇荒了義純淨互助的道理，那使自己不至新⋯⋯貸付私的好利的人，我們亦不偏僱幫助社會○我們不懂得幫助自己，所以我們端應該記得正段籍活些，便是一個幫助自己面且幫助社會的好根基奧群各項有途事業的大本營。我們究竟要做過兩件事呢？統的說起來，我們二則辦運售各種新書報以及西書隣俊的商店。一於城市中組織一部分財產公有的新生活；件來生產的事業。(三)有一個獨立的事業；(三)有一生產的事業。(三)有一個合理些的生活；(四)有一個實驗各造能各取所需的生活的機會；(五)有一個據行工讀互助主義的好根基；(六)有一個為社會切的盼望：(一)有一個獨立的事業；(二)有一立自給的共同生活，為我們同將來纔由彼此了解而加入的朋友為一切社會事業的根基○我們同時做自己及社會各方面合理的互助的力量，籌辦一個獨們幾個完全彼此相互了解的朋友，現在正進行用將件如：

为扩大利群书社的影响，1920 年 1 月 22 日恽代英等 12 名书社成员联名在《时事新报》上发表《共同生活的社会服务》的宣言书节选团体。李求实回到武汉后积极投入到书社活动中来。该书社由大家集股，从北京、上海购买宣传新思想的报刊、书籍，在武汉推销。一方面是为了宣传新思想、新文化；另一方面，以此进行新生活的试验。

社内制定有《约法》，社员实行半工半读，有严格的自修和服务制度。李求实白天卖书送报，还到利群毛巾厂教工人学习文化知识；晚上参加生活会，大家自由发言，相互帮助学习；入夜后，社员集中休息，铺板不够时就睡在长条凳上。书社的物质生活十分艰苦，经常只有一个菜，大半是豆腐、青菜，有时是咸菜，但精神生活是很充实的。"从上午八时至十二时，下午一时至六时，晚七时至九时，是作课的时间。早七时起，夜十时睡。所作的课，各人自由规定""同人每人每日对于营业服务四小时或三小时"。其他时间，大都用来学习。利群书社致力于介绍新思想、新文化，经销了许多进步书籍报刊，诸如《共产党宣言》《社会主义从空想到科学的发展》等著作以及《武汉星期评论》《少年中国》等期刊。在这里，李求实孜孜不倦地阅读新式杂志书籍，首次较为系统地接触到了马克思主义基本原理，为其思想转变奠定了理论基础。此外，利群书社还以白话文出版了《我们的》和《互助》两种刊物。前者着重记载和报道社员的活动，后者记载社员试验新生活和开展"社会大辩论"的通信。李求实能

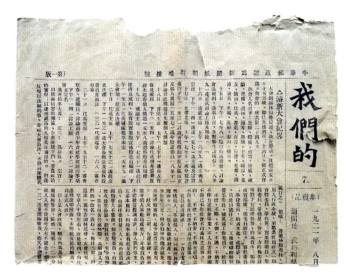

利群书社社刊《我们的》

1920年10月，利群书社出版的《互助》杂志第1期

诗会文，积极参与《我们的》编辑工作。

利群书社有四大工作步骤：个人自修，朋友互助，由乡村教育发展新村运动，由文化运动来发动改革政治运动。其中，新村运动是1919年由日本传入中国，它提倡"人的生活"，即"说各人先尽了人生必要的劳动的义务，再将其余的时间做个人自己的事"。恽代英、林育南、李求实等青年对这种新村生活极感兴趣，有关于新村生活的畅想，恽代英在其日记中是这样记录的：

我们预备在乡村中建造简单的生活，所以需费不多。村内完全废止金钱，没有私产，各尽所能，各取所需。举一人做会计，专管对外金钱出入的事，举一人做买办，专办向外处购买或出售的事。村内衣服都要一致，能男女都一致更妙。会食在一个地方。设图书室、工作厂。对内如有女子儿童的教育事业，应该得很注意，因为是新村全体幸福所托。对外鼓吹文化，改造环境的事业，亦很要注意。我想，我们新村的生活，可以农业为根本，兼种果木，并营畜牧。这样做法，必然安闲而愉快。

　　这些想法在今天看来是幼稚的，但在那个黑暗的社会里，却给予了青年以希望和力量。为了试验这种生活，也为着避免家人的干涉，李求实秘密离家了，他给家人留下一封信，劝家中不必登报寻找。据李求实妹妹李国樀回忆，"一天晚上，大家都带着沉重的面色静静地坐在堂前，在一盏洋油灯的光线下，父亲一页一页地念着这封长达万言的家书，他一面念一面解释，信中指出了帝国主义者对中国的侵略和欺压，及旧社会中军阀贪污腐化的情形，剖解了大多数人贫穷的原因，更明白地说出了四哥立志走向革命的道理，对于我们那个小资产阶级的家庭生活方式，更提出了一些具体改革的意见，要大家努力学习新文化，要养成吃苦

李求实的父亲，李秉之

耐劳的生活习惯，平等对待佣工，晚上教他们识字等等，尤其特别提出，不可太娇惯了妹妹！"这封信情真意切，发人深省，邻里、师友闻讯，也"踵门索取，争相阅诵"，无不为之动容。其中，对李求实的父亲触动尤大。李求实的哥哥们在军阀混战、天灾人祸中相继惨死，父母指望李求实能够维持这个旧家庭，时常说："今后光大门楣，振兴家业，全靠国纬了。"但李求实不愿照旧地生活下去，反而积极地参加学生运动，这种行为多次遭到家庭的阻碍。读过这封信以后，李求实的父亲认识到"时代不同了，青年人有他们的道理"，开始不再干涉李求实的革命活动，追问他的行踪。

离家后，李求实来到湖北黄陂县木兰山余家湾正谊小学教书。这所学校设在一处破败的祠堂内，学生都是贫雇农子弟。李求实既教小学生，也教青年农民。课余还帮助农民记账写信，并开展农村生活的调查，深受当地村民的欢迎与信任。为了自食其力，李求实自己砍柴，自己烧饭，晚上没有被子，在寒冷的冬天只好用报纸当被盖。到1920年秋，恽代英应安徽省立第四师范学校（简称宣城四师）①校长章伯钧的邀请，赴该校执教。恽代英对李求实的志趣和决心十分欣赏，遂带着他和利群书社的成员吴华梓、刘茂祥一起到宣城四师附读。宣城四师共有学生三百余人，李求实三人没有学籍，随堂旁听。课余，李求实等人积极组织学生社团"求我社""互助社""觉社"等进步小团体，作为传播新思想的场所。这些团体定期开展活动，讨论时政、俄国革命以及《新青年》等进步杂志上的文章，使广大青年学生的思想发生深刻变化，宣城四师也逐渐成为当时皖南地区新文化运动的中心。这些团体中的青年，后来大都成为安徽党组织的早期成员。

　　1921年5月1日国际劳动节之际，宣城四师师生集会，李求实也随恽代英登台讲演，介绍劳动节的来历，宣传"劳工神圣"及工农政权等思想。此举引起当地乡绅恐惧，他们密告恽代英等

① 该校址位于安徽省宣城市，又称宣城第四师范学校。

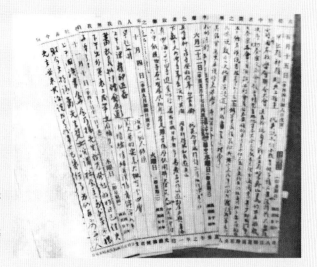

宣城第四师范学校学
生梅大栋1921年日
记中有关于恽代英等
人开展活动的记载

宣城第四师范学校旧址

"组织党羽、煽动学生、图谋不轨、大逆不道"，当局遂以"宣传赤化"的罪名下令通缉，恽代英和李求实等人被迫离开宣城。他们一行七人远足黄山，途经泾县、太平等地开展农村调查，一路上宿路亭、吃干粮、访贫问苦、宣传新思想和革命道理。李求实在《朋友，歇歇脚力，预备爬山吧》一文中，曾记述了这一段经历，并称"游黄山，不仅增强了体魄，锻炼意志，饱览大好山河，体察民情，而且悟出了一个道理：不顾一切冲上去是要失败的，要培养自己的能力"。

当时的农村也并不比城市安静，到处洋货充斥，一片萧条景象。落后的农业经济濒临破产，农民生活困苦不堪，南北各省都有这样一句谚语说："乡下人好辛苦，吃了年饭望端午"。一年四季春耕夏耘秋收冬藏，农民没有片刻的安闲，只能生产一点粮食和棉花，而粮食棉花又受到舶来品的排挤，值不了几个大钱，加上贪官污吏的剥削，土豪劣绅的压榨，敲精拨髓，油尽灯枯。这次农村调查，也使大家初步懂得了农村的经济情况、农民与地主的租佃关系和剥削关系，对农村问题有了进一步的了解。李求实清楚地认识到占中国人口大多数的工农阶层，普遍生活于水深火热之中，他开始更加认真地思索马克思主义所阐述的无产阶级革命斗争理论。

1921年夏初，李求实来到湖北黄冈林家大湾浚新小学。这所

黄山脚下的山村

安源路矿工人俱乐部周年纪念册 戊版

「朋友，歇歇脚力，预备爬山吧！」

——怎样培养我们的能力呢？

求实

一

民国十年，我同几个朋友到安徽黄山去旅行，起初走的时候，路很平坦，我们之路走，一路唱，谈谈讲讲，说说笑笑，好不快活！不要两点钟，走了二十多里路。后来路渐渐陡险起来了，很不容易走，我们便祇得慢慢地，很谨慎地一步一步往上爬，不敢随便说笑了。走到后来，竟遇着了一座大石岩，寒住去路，无路可走。我便提议说：「朋友们，歇歇脚力，预备爬山吧！」大家应允了，我们便在岩石旁边坐下。一个姓刘的朋友，他是最性急的，便不顾什么，向上爬去。我劝他歇歇脚力，他不肯听。我们歇了五分钟，便找着了一条小路慢慢扶藤牵葛地爬上去，到了岩的半中间，祇听得嗳哟「嗳呀！」的声音，在我们的脚下，过细一等，发见了一条溪沟，声音却是从那里发出来的。在溪中的

1923 年 8 月 18 日，李求实撰写的《朋友，歇歇脚力，预备爬山吧》

凡是资本家军阀——压迫阶级，就是我们的仇敌。我们就应该反抗反敌！我们切要受了资本家的挑拨愚弄，（考察以前工友每发生疆界之间题皆为路矿二局雇员挑拨）使我们视若兄弟的工友们，发生畛域隔膜猜忌，使我们依为生命的团结起来，作猛勇而有力的奋斗啊！阶级，惜我相爱的坚强的团结起来，作猛勇而有力的奋斗啊！

（四）大家忽略我们的敌人。资本家军阀，第一紧要的条件，是要我们有坚强的团结。谋坚强之团结，一则要工友彼此之间，切不可因小故而龃龉，辛内部生疏，团结涣散，一致作战，猛烈的对我们的敌人序，每人都须遵守团体的纪律，服从团体的指挥，一则要有严密的组织秩攻击，方才可操胜算。工友们！大家固然要认清我们的目的作战，更要认清我们的手段作战啊！

小学是恽代英、林育南等利群书社成员创办的试验新生活和实现乡村教育的据点。李求实和唐际盛等利群书社成员将浚新小学办得十分活跃，仅招收女生入学一事，就在黄冈乡间引起很大的震动。学校开设国文、史地、英文、数学和自然科学等科目，教材及设备全部用社团财产购买。李求实主要教习国文，认真负责，锐意改革。以前的国文课注重背诵，他和大家商议"觉背诵一事，有近于强迫，非学生所愿，大大有损于学生本性的发展，于

浚新小学旧址

是废除背诵，只求学生对课文能顺畅诵读罢了。"再大家又觉得，依靠国文教本学习国文，实难使学生上进，所以同时在课外，又注重学生作日记，课外阅读书，开辩论会，演讲会，以助其国文的进步。李求实认真批改学生日记，要求学生对一复杂的事情有一简单叙述，再追求对单独事项有一详细描述，最后再记载学生自身的想法。由于学校不收学费，教师不发工资，为维持生计，李求实课余会带领学生一同耕地种菜、筑路、挑水。做饭也是老师和住校生轮流负责，一日三餐，两稀一干。有一天，米用完了，两个桌子的人共吃一碗小豆和一把丝瓜。李求实等进步青年以改造社会为目标，全力投身教育，可以看出，此时的社团附带有浓厚的"新村主义"的色彩，但乡村教育事业的发展在一定程度上推动了知识分子同劳动阶级的结合。

以笔作刀干革命

LI QIUSHI

五四运动后，李求实致力于社会改良运动，通过学习马克思主义学说和研究中国社会，对各种思潮加以鉴别，逐步成长为一名坚定的马克思主义者。1921年7月，中国共产党正式成立前夕，李求实等利群书社成员发起成立了一个具有共产主义性质的革命团体——共存社，独立开展建党活动。不久，李求实加入共产党，成为共产党早期重要干部，在二七大罢工、安源工人运动中都发挥了重要的作用。

建党探索

　　1921年6月，湖北督军王占元大肆侵吞军费，克扣军饷，导致武昌驻军发生兵变。大批士兵以索饷为名，冲进城内，抢劫放火杀人，省城内外一片混乱，利群书社也在这次战火中付之一炬。也正是这场祸乱，使李求实等社员的思想成熟起来，他们认识到希望通过"共同生活"的扩张和发展教育、实业来实现社会主义只能是"空想"，不能从根本上改变军阀横行、民怨四起的局面。1921年7月16日，恽代英、李求实、林育南等二十四名青年在浚新小学召开了为期六天的会议。同志们从河南、陕西、安徽等地赶来相聚一堂，畅谈了各地进行改革活动的情况。1921年8月10日出版《我们的》，对这次大会做了详细报道，转抄如下：

15 日晚 7 时到 8 时，临时动议聚会，讨论会议规则、议事日程及对学生讲演事，8 点到 9 点非正式讨论工厂和学校。

16 日，卢斌主席，上午（6 至 9），议主义及宗旨，下午（2 至 4）讲演，（5 至 7）议主义及宗旨。

17 日，光耀主席，上午（7 至 10），议分股委员。下午（2 至 3）讨论书社继续问题，及镇山、克友个人问题。

18 日，书渠主席，上午（7 至 10）议社友资格及权利，下午（1 至 4）讨论代英、焕星、□新、茂祥、光起个人问题。（5 至 8）议总务股委员职权。

19 日，毓兰主席，上午（7 至 10）议社员经济及戒约、教育股、实业股、宣传股委员职权。下午（1 至 5）代英、毓兰起草未完，（5 至 9）议大会期、社友表决权。

20 日，代英主席，上午（7 至 10）议社友表决权。下午（1 至 3）议大会各办法及总务股委员产生法（3 至 6），代英起草（6 至 8），审查草章。

21 日，代英主席，上午（9 至 12）审查草章、选职员，讨论最近半年书社、学校经济事项。下午（1 至 4）讨论工厂，（6 至 12），讨论工厂及定名。

议决的事大略：定名为共存社。宗旨：以积极切实的预备，企求阶级斗争、劳农政治的实现，以达到完满的人类共存之目的。但违法（反）现行法制的事，非经大会公决，不得以团体名义行之。

组织：设总务股委员，举书渠；负有行政全权，须熟悉社员友一切情形。教育股委员，举代英；实业股委员，举遵芳；宣传股委员，举焕星：各掌一方的报告计划等。

总务股下设有经济干事，约为负生；编印干事，约求实、鸿儒；系委员指任。书社委员约为昌群：学校委员约为光起，或际盛；系股务人公举，只社员能任之。工厂组织较为特殊，定（王）尚德为营业委员，毓英（张浩）工作委员。社员须守戒约：不嫖、不赌、不烟、不纳妾、不奢侈、不作有害社会事业、不有害团体、以及非不得已不作社会不以为怪之恶事。

······

以上是大会概况，颇有些与众不同的特色：（一）组织极严密，俨然一国家；（二）分社友、社员，不致因社友不健全而失败了任务；（三）注重个人修养，又不避免破坏事业（推翻社会），不作无准备的破坏；（四）总务股委员，用袁氏金匮投票法。总之，我们是人格互信的团体，不作无准备的破坏，亦不作无目的预备团体。

其间，大家围绕共存社是否成立、共存社名称及主张、宗旨等进行了充分的讨论和激烈的辩论。共存社成员吴化之在《我们的师表》一文中回忆说："在会上讨论成立什么样的组织时，曾考虑过成立类似苏俄共产党的波社，亦即中国的波社（布尔什维克）。这时候大家的思想里对阶级、资产阶级和无产阶级、阶级斗争等也有了些粗浅的认识，也认识到要革命就要准备流血牺牲……代英综合归纳了与会者的意见，并经过大家一致同意，决定这个组织仍定名为共存社"。共存社成员廖焕星在《武昌利群书社始末》一文中回忆："会议一致拥护无产阶级专政、拥护无产阶级在革命中的领导权。拥护苏维埃，赞成组织新式的党——布尔什维克式的党，并提议把要组织的团体叫作'波社'（即布尔什维克）。决议组织共存社。修定社章和通过宣言，明白地号召拥护无产阶级专政，拥护苏俄，赞成组织布尔什维克式的党。"

经过充分讨论，会议将新创建的组织定名为"共存社"，宗旨是"以积极切实的预备，企求阶级斗争、劳农政治的实现，以达到圆满的人类共存为目的"。社内设立总务、实业、教育、宣传四股，各股委员均由民主选举产生，李求实被选为总务股编印干事。共存社的宗旨明确承认阶级斗争，拥护无产阶级专政，以达到没有压迫和剥削的共产主义为最终目的，这表明该社是一个具有共产主义性质的革命团体。这与不久后召开的中国共产党第一次全国代表大会确定的党的奋斗纲领，在本质上是一致的。它的成立，标志着李求实等青年实现了由民主主义者向马克思主义者的根本转变。

以恽代英、李求实等为代表的新式知识分子，是领导湖北地区五四新文化运动的核心成员，他们一方面具有思维活跃、革命觉悟高等优点，易于接受各种新思想；另一方面，又由于社会阅历少，思想单纯，一时难以辨别社会上各种思想的优劣，其思想受到各种新思潮的纠缠。但是，李求实等人通过自身实践探索，在经历对各种思想的调和、否定、再调和、再否定的艰难抉择之后，最终完成了思想的转变，树立起马克思主义的信仰，并立即运用这一武器投入到改造中国的战斗中。1921 年秋，恽代英应邀赴四川泸州川南师范任教务主任，李求实随他一同来到该校任教。当时，泸州地区正在开展轰轰烈烈的"新川南、新教育、新风尚"的文化活动和教育改革。到川南师范后不久，恽代英即大刀阔斧地改革教育体制，鲜明提出"学校公有运动"、"择师运动"以及"经济公开"，力图打破陈腐的封建教育制度，使学校面貌发生了深刻的变化。当时，中国共产党已正式成立，恽代英与中共发起组取得联系加入中国共产党，在他的带动下，共存社的大部分社员于不同时期相继入党，共存社随即停止了活动。

四川泸州川南师范学校

中共武汉地方委员会机关旧址——武昌黄土坡 27 号

李求实画传

1922 年初，李求实经恽代英介绍加入中国共产党，为表示参加革命的决心，改名"求实"。李求实除在校教授英文外，还协助恽代英改革校政，在校内外传播马克思主义，播撒革命的火种，协助建立川南社会主义青年团，培养了张霁帆、余泽洪等一批骨干。他和恽代英一起编写的夜校课本，至今仍在泸州广为流传。

早期文学

　　1922 年，李求实入党后从四川回到武汉，在家中居住了一些时日。当时共存社的活动已近结束，他一面在武汉大学读书，以学生身份隐蔽活动；一面参加中共武汉区委工作，积极从事工人运动。此时，李求实的家庭由于遭到军阀王占元的士兵抢劫，一贫如洗。家庭住址也从繁华的吉祥巷搬到德胜桥贫民窟。面对残酷的现实，李求实悲痛万分，随即开始创作文艺作品控诉社会的罪恶。

　　1922 年 12 月，李求实在《民国日报》副刊《觉悟》上发表了诗作《小儿底怨语》，全诗共 11 节，通过描写一对男女青年恋爱心理活动，告诉青年们在恋爱过程中要真诚，要忍耐，要经得起考验。1923 年 8 月，李求实在《妇女杂志》上先后发表了小说《姊姊的屈服》《除夕》。《姊姊的屈服》是风靡一时的书信体小说，以"卓如"和"芸芳"的 11 封通信，叙述了卓如那不幸的姐姐桂英的故事。桂英在父母的包办下，四天之内完成了婚姻大事，嫁给了一个不务正业、好逸恶劳的米店少东家。随着家庭矛盾的激化，在具有新思想的妹妹卓如的影响下，桂英决定"我现在只管我自己，好到了要紧的时候不至于饿饭。"她开始学习手艺、读书写字，为能自立自强做准备，初步具有了独立的人格意识。但这种新思想的萌芽，很快就被封建礼教扼杀。小说在女性萌生的觉醒意识和强大的封建礼教的紧张冲突中展开故事，以后者对前者的戕杀控诉了封建礼教的吃人本质。在这部小说的"附记"中李求实这样说道：

　　"妇女解放"的声浪，虽然高叫了两三年，实际的效果还不见有什么，这实在是我们负有运动责任的人应该深自惭愧的地方。我细想所以如此，多半是由于大家都不明瞭实际的情形……我想，现在与桂英同一境遇的女子不知有几何，她们多半只有两条路可走！（1）自杀；（2）屈服。我们对于这些不幸的姐妹，真该如何拯救呢？

　　《除夕》采用回溯式的倒叙结构，讲述了一位美丽、活泼的女性，在自家遭遇兵匪抢劫时，她镇定地安慰丈夫："爱人，有人有世界，钱财去了有来的哩！"在丈夫被兵痞淹死后，她却不

能主宰自己的命运，在后母的挑唆下，被送进敬节堂，理由是
"一来在那里正好全你的名节，再者将来也可以光宗耀祖。那里
苦是苦点，但是将来守到了尽头，替你建个牌坊，那时万人瞻
仰，才是真正的快乐哩"。封建礼教吃人的绞索将她青春的生命
活埋在这"人间地狱"里。这两篇小说是李求实以亲人为原型创
作。《姊姊的屈服》以李求实的二姐为原型，他的二姐聪慧过人、
能诗会文，但父母包办嫁给一个游手好闲的青年，婚后夫妻没有

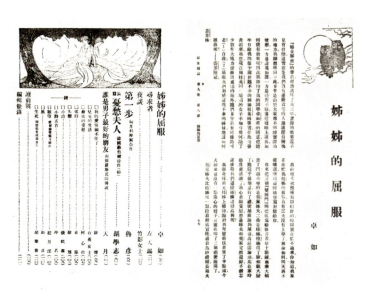

1923 年李求实以卓如为笔名在
《妇女杂志（上海）》发表的小说
《姊姊的屈服》目录

《姊姊的屈服》节选

1923 年，李求实以南平为笔名在
《妇女杂志（上海）》发表的小说
《除夕》节选

感情且受婆婆、大姑子的虐待，而父母却劝她恪守妇道、逆来顺受，二姐走投无路的情况下被逼至疯。《除夕》是以李求实二嫂为原型，在他的二哥被兵痞淹死后，二嫂被迫回到祖籍金口镇敬节堂，靠救济为生。这两篇小说都是五四时期描写妇女问题的"问题小说"，展现了李求实在结构故事、剪裁情节方面的艺术功底，表达了他对广大妇女的同情和对妇女解放运动的关注。

在军阀混战的封建社会，李求实家庭的悲剧更坚定了他的革命信仰，加快了他参加革命的步伐。他不仅关心家庭，而且将更多的精力致力于党的工作，开始了以笔为武器，以编辑、记者为身份的新的革命生涯。为扩大党的影响，李求实创办并主编中共武汉区刊物《日日新闻》，以记者身份进行工运宣传，报道武汉工人运动。他向《正义报》投稿，翻译马克思的政治经济学，著文针砭时局。同时在《觉悟》《晨报》《妇女杂志》《学生杂志》等报刊上发表了若干外国文学译作，其中有法国作家卡蒂勒·孟戴斯（Catulle Mendès）的小说《爱字底失却》，英国作家居贝尔·卡纳（Gubert Canna）的小说《生》，俄国契诃夫的小说《范伽》，美国作家弗朗西斯·巴泽尔（Francis Buzzell）的小说《寂寞的地位》和海伦尼·马林斯（Helene Mullins）的剧本《说谎人》等。这一时期，李求实关注的是欧美作家的"写实主义"的作品，欣赏他们"直白地描写下级人民的生活"，为他们"于极

1922 年李求实在《晨报副刊》翻译的小说《爱字底失却》

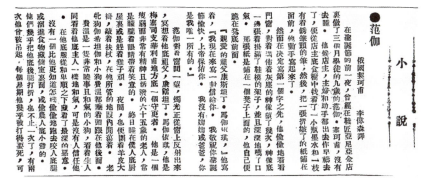

1922 年李求实在《民国日报》翻译的小说《范伽》

简单极无兴趣的生活中，组成一种锋利的美"所折服，也体现李求实对五四以后进步文学潮流的追随。空余时间，李求实还从事戏剧创作，曾撰写了一个名为"可怜无定河边骨，犹是春闺梦里人"的剧本刊载在《日日新闻》，控诉军阀混战的罪行。他的鼓动宣传工作，有力地配合了武汉地区工人运动的发展。

二七罢工

中国共产党成立后，集中力量发动和领导工人运动。1921年8月成立领导全国工人运动的总机关——中国劳动组合书记部。10月，中国劳动组合书记部武汉分部成立，作为武汉党组织领导工人运动的公开机关。在党的领导下，武汉工人罢工运动蓬勃发展。1922年1月22日，江岸工人俱乐部在刘家庙老君殿召开成立大会，李求实和共产党员包惠僧、林育南、李汉俊等应邀出席，并在会上发表演说。7月，汉口租界人力车工会、江岸京汉铁路工人俱乐部南段总部、徐家棚粤汉铁路工人俱乐部、扬子机器厂工人俱乐部4个工团发起成立武汉工团临时联合委员会。同年8月，改名为武汉工团联合会。10月10日，正式改称湖北全省工团联合会，武汉各工会团体及各界人士两万余人在汉口铁路外广场召开成立大会，它是中国共产党领导的全国第一个地方总工会。李求实当选教育副主任委员。

其后，武汉三镇工会组织的发展突飞猛进。12月10日，汉冶萍总工会在汉阳三码头老街成立。汉冶萍煤铁厂矿有限公司是当时中国最大的工业企业，分为大冶铁矿、萍乡煤矿、汉阳铁厂三个主要工厂，所属还有铁路和航运公司，地跨湖北、江西两省，涉足采掘、运输、冶炼三个工业部门，员工达3万多人。可以说，它的一举一动足以影响全国。汉冶萍总工会是中国第一个产业总工会，它的成立"将结成一条强固精密的阶级战争的广大战线，开中国劳动工人运动未有之创局，足以使资产阶级惊心丧胆"。李求实以记者身份在成立大会上发表热情洋溢的演说，他"首先歌颂了'劳工神圣'，随后指出两件事情值得注意：第一，工人解放运动，不是说把资本家、军阀、官僚推倒，工人自己起来做资本家、做军阀、做官僚，来掠夺、压迫、防阻其他人……工人解放运动是要谋全世界的每一个人都要有益于人类的工作！第二，那种不忠于阶级的工人是比资本家、比军阀、比官僚对于我们工人更危险……应该把他驱逐出工界，不承认他是神圣的劳工"。

武汉人力车夫和印度巡捕

1922 年 12 月 10 日，汉冶萍总工会成立大会代表合影

汉阳铁厂与张之洞

铁路是帝国主义和封建军阀控制中国的要害部门，鉴于其产业化程度高、人员密度大、行业领域关键、受压迫也较深，中国共产党成立初期便以铁路工人为重点，向他们宣传马克思主义，并领导各项工人运动。京汉铁路，长达 2000 余里，是中国南北交通干线，全路的规模宏大，北洋政府一贯视京汉铁路为政治军事和经济的命脉，其爪牙在铁路上星罗棋布。早在五四运动时期，北大平民教育演讲团就曾到长辛店铁路工人中进行宣传。到 1920 年以后，中共早期党组织在长辛店开办工人补习学校，向工人进行启蒙教育。在此基础上，中国共产党将部分车站及地区的工人以"工人俱乐部""同人会"等名义先后组织起来。到 1922 年底，京汉全路共成立了长辛店、琉璃河、保定、郑州、江岸等 16 个俱乐部（工会）。在成立各分工会的同时，中国共产党也一直寻求成立全路总工会，以便于统一指挥全路工会组织。1922 年 4 月，长辛店工人俱乐部发起召开第一次全路总工会筹备会，8 月，在郑州正式成立京汉铁路总工会筹备委员会。1923 年 1 月 5 日，筹委会开会决定于 2 月 1 日在郑州正式举行京汉铁路总工会成立大会。

1923 年 1 月下旬，为成立京汉铁路总工会，李求实等赶到郑州，研究形势，制定对策。此时，军阀吴佩孚极力阻止召开工会成立大会，当局与工会的冲突大有一触即发之势。李求实参加了

北京大学平民教育讲演团之演讲所

京汉铁路（长辛店站）

京汉铁路（郑州站）

京汉铁路（江岸站）

总工会党团会议，会议决定一方面公开社会舆论，在报上揭露敌人的阴谋，指出工人严阵以待不退让的决心；另一方面派代表到洛阳与吴佩孚面谈。31日，代表回到郑州汇报吴佩孚态度恶劣，情势危急。李求实建议由罗章龙函致李大钊的朋友白坚武，由他向吴佩孚进言转圜。但现在已箭在弦上，非口舌之争，最终大家研究决定成立大会如期举行，如受阻就举行全路政治罢工，争取工人自由权利，不达到目的誓不罢休。会后紧急召开全路代表会议，李求实积极在武汉各工团代表中做动员工作。

2月1日清晨，李求实和各工团代表从五洲大旅馆向普乐园会场进发，在离会场不远处，被军警阻拦，李求实和同志们一起奋勇冲破军警的封锁，撕去门上的封条，砸开大门进入会场，在大批军警包围的会场中，京汉铁路总工会成立大会如期举行，宣布京汉铁路总工会成立。然而军警随之占领会场，毁弃各团体所赠银盾匾额等礼物，勒令各地代表离开郑州。晚间，李求实等人召开秘密会议，提出"我们为抗争自由起见，谨决于本月四号午刻宣布京汉铁路全路总同盟罢工。"并决定总工会移到江岸办公，成立总罢工委员会。当晚，李求实与各工团代表乘坐火车赶回武汉，参与罢工的组织领导工作，在工人中进行鼓动宣传。2月4日午时，江岸机器厂锅炉工人黄正兴拉响了工人为争自由的正义汽笛，紧接着其他单位的汽笛也怒吼起来，响彻武汉三镇。深受

京汉铁路总工会在郑州开成立大会时摄影

郑州五洲大旅馆所
在大同路

京汉铁路总工会汉
口江岸分会旧址

汉口江岸车站中式
风格的老站房

二 以笔作刀干革命

压迫的江岸铁路工人高举长矛、铁棍、大刀，涌出各工段向中心街道奔去，其势如铁流直泄，锐不可当。一场在中国共产党领导下的政治大罢工，从汉口江岸开始，沿着京汉铁路向北，直到郑州、北京、天津……

2月6日上午，为了声援江岸工人的罢工斗争，湖北工团联合会组织2000多名代表来到江岸亲切慰问罢工工人，江岸万名群众自觉参加慰问大会。李求实以记者的身份活跃于队伍之中。7日，罢工运动仍然热火朝天地进行着。武汉各界到江岸慰问罢工工人的团体和个人络绎不绝。下午，军阀部队突然包围了江岸分会会所，对铁路工人展开屠杀，工人死伤众多。军警将京汉铁路总工会江岸分会委员长、共产党员林祥谦绑在电线杆上，强迫他下复工令。林祥谦宁死不屈，壮烈牺牲。与此同时，长辛店、郑州等京汉铁路沿线的工人均遭到军阀残酷镇压，前后牺牲者52人，受伤者300余人，被捕入狱者40余人，被开除而流亡者1000余人，震惊全国的二七惨案发生了。

惨案发生后，湖北笼罩在白色恐怖之下，京汉铁路全线的工会都被查封，工人情绪一时趋于消沉，全国工人运动暂时转入低潮。为保存实力，京汉铁路总工会和湖北全省工团联合会于2月9日联名下发《复工令》，工人们忍痛复工。李求实根据党的指示，以记者身份来到上海，继续动员各界声援京汉铁路工人的正

京汉铁路江岸工会会员证章

林祥谦

施洋

义斗争。15 日，武汉工团联合会的法律顾问、共产党员施洋被军阀以"煽动工潮"的罪名杀害于武昌洪山，消息传到上海，李求实悲愤难已，连夜撰写一篇名为《施洋底死》的战斗檄文，在文中大声疾呼："同胞们！我们决不能坐以待毙！我们惟有全体联合起来，努力打倒军阀，建设我们新的国家，谋我们大家的幸福！……施洋的死，乃是全国民

京漢鐵路的大罷工 (c)

這次京漢鐵路工人的罷工是中國勞工運動歷史上第一次的大規模暴動。京漢鐵路的勞工在全國勞工之中要算是最有組織的。但是這一次的罷工實在是外力逼成的，就是他們工人自己也沒有想到要發生這樣的舉動。他們祇不過預備於二月一號在鄭州地方開一個「總工會成立大會」，先期束請全國工會，報界、學界和其他各團體到會參觀。一切事情均是公開的，並非一種秘密暴動。

在開會之前，但因人數太多，漢口江岸方面的工人，大多數均想到會，所以要求漢口事務處加掛車輛。深恐普通列車中的坐位不夠，所以要求漢口事務處加掛列車。國鐵路管理局的組織都是非常專制，非常集權。不過小小的一個鐵路事務都呈呈局長批准車輛的要路上什麼事情都須呈諸局長批准後方能執行。小小的一個鐵路事務處長差不多就是一個專制國的小皇帝。所以當時漢口事務處長接到工人加掛車輛的要求，鄰不能作主，立即轉呈北京總局局長。這位局長接到這個無關緊要的加掛車輛要求後，他鄭以為這是件大不了的事情，就竭力想法使這件小小的專問變成一件極大的事情，一方面他把工人的要求批了「向無此例」四個大字，一方面要打電報到洛陽和保定，並要求與佩孚派兵去干涉。因此就發生軍警密謀以武力制止工人開會。

凡是罷工的事情總是發源於工人待遇問題等類，或是增加工資，或是工人的待遇問題等類，因為不能達到他們的目的，然後舉行罷工。這是發生這次工人的大罷工。

1923 年 2 月 11 日《努力周报》刊载《京汉铁路的大罢工》

施洋底死

評 論

求實

施洋已被吳佩孚命蕭耀南槍斃了的消息，迅雷急風似的傳到我底耳朵裏來了！我於萬分悲悼之餘，不禁發出了一種意外的希望。

施洋在「五四」運動中是中堅份子，在湖北勞動運動中，老實說，他也盡了一番的力。他對於盜賣民眾自由去謀祕密運動中，真算得「鞠躬盡瘁」！他一生事業底價值，我此地無暇詳述；而且我認定他底死實在比他生還有更大的價值：所以我於其生面。

因為軍閥強力的壓迫，與先覺熱心的指導，一般民眾近來都口深切地覺得自己所受的痛苦，且已明白地知道得解放的路徑。年來各地工人罷工運動，學生罷課運動，市民請願示威運動，都是上述種形成底表現。施洋是一位先覺者，他曾不顧性命地為各種民眾運動作指導，他現在覺為指導民眾爭自由，爭人權的運動而犧牲了性命，而殺死他的，又是素來壓迫民眾的軍閥與吳佩孚與蕭耀南！一般民眾——包括商人、工人、學生等等——若不是已經死得一人不存，必定會有一種極嚴重的表示！下面這種醞釀已久的討伐聲，我敢斷言，必定會即日從全國民眾中風起雲湧似的高呼出來：

「同胞們！萬惡的軍閥今天愈加猖獗了！」

1923 年 2 月 22 日李求实在《民国日报》副刊《觉悟》发表《施洋底死》

众合力打倒军阀、建设新国家的导火线。"

安源工运

1923 年，京汉铁路大罢工失败后，军阀萧耀南宣布武汉戒严，通缉李求实在内的一批革命分子。因不能在武汉存身，李求实与中共党组织成员陈潭秋、李之龙等秘密转移到湖南，在中共湘区执行委员会领导下，前往安源地区继续工作。安源路矿（江西省萍乡县的安源煤矿和由煤矿通到湖南省株洲的铁路）共有工人 1.7 万余人，在安源路矿工人俱乐部的领导之下，工人运动发展得如火如荼。在二七罢工失败，全国工运转入低潮的情况下，党中央及时调整安源地区的工作策略，强调将工作重点放在工会的内部发展上，"应由进攻转为退守，退守中应当竭力团结内部，密切注视敌人的动态，加强防范，随时准备决死的反抗。"在这段消沉时期，安源路矿工人俱乐部可谓"硕果仅存"。

李求实在安源担任团地委宣传委员，并在安源路矿工人俱乐部担任文书股长，掌管本部文书事项。他工作认真负责，实地走访调查安源各方面的情况，提出"工会是一种极大群众组织，若无极小的基本组织深入群众内部，则必无法指挥群众的行动，群众的行动只是盲目的、极无系统的。所以严密工会组织，于工会的生命及其前途的发展都有极大的关系，也深感俱乐部现时的组

安源路矿工人俱乐部旧址

李求实在安源

安源煤矿工人餐宿处

织有改进的必要"。当时，安源一万多工人居住在方圆三里路之内，这一万多工人可以一呼而集，但也"因为程度不齐，情形亦自不免复杂一点。要明了大家对于某项问题的意见，或临时发生某事项，要大家都能了解或执行，非有一种极严密而有系统的组织不可"。为此，李求实根据以往的工作经验编写了《俱乐部组织概况》，拟定了较进步的组织法，规定每十人推出十代表一人，计选出十代表1300余人，十代表每三日召开一次会议；每十个十代表推出一人为百代表，计选出130余人，百代表会议每月召开一次，为俱乐部的复决机关；然后，从每个工作区的百代表中再推出总代表一人，计51人，由各总代表组织最高代表会议，为俱乐部的最高决议机关，每月召开两次会议，议决一切事宜。在最高代表会议之下，又设教育、讲演、游艺、交际、文书、会计等各股，分设主任执行对内对外各种事宜。这种组织是在学习苏联革命经验的基础上，结合安源工人的具体情况，不断总结、不断改进的。这也是李求实等对马克思主义关于无产阶级政党内部民主集中制基本原理的具体运用。李求实还提出，不仅工会组织要适应公开工作和秘密工作的需要，党组织也应如此。他认为二七罢工失败的原因之一，就是党组织没有分秘密、公开两套组织，党组织只注意合法的公开工作，不注意秘密工作；没有秘密工作，一旦受到镇压，工作就会全部坍塌。

随着安源路矿工人运动不断深入发展，工人俱乐部除在工人中推销《向导》《先驱》等革命刊物外，还决定创办自己的刊物。刊物最初定为《安源半月刊》，后改为《安源月刊》，由时任文书股长李求实负责编辑。1923 年 9 月，为庆祝安源路矿工人俱乐部罢工胜利周年，李求实编辑《安源路矿工人俱乐部罢工胜利周年纪念册》作为《安源月刊》第一期出版。该纪念册内容共分 11 个部分，约 14 万字，收录《安源路矿工人俱乐部宣言》《安源路矿工人俱乐部略史》《俱乐部组织概况》等重要文章，总结 1922 年 9 月安源路矿罢工胜利的主要经验，提出工人俱乐部当前的奋斗任务和前进方针，对各地工运的开展及工会的建立起到了宝贵的借鉴和鼓舞的作用。《安源月刊》是江西地区较早的工人刊物，为安源地区马克思主义的传播和工人教育起了重要作用。此外，为配合周年纪念活动，李求实还主持编写了纪念传单，他在文中指出："我们已经知道，我们和资本家争斗最有效力的武器是团结起来。我们去年有了团结坚固的俱乐部——就是团结坚固的一万工友——我们才能压倒军队的气焰，战胜资本家的压迫！……我们今天以后唯一的依靠是我们的俱乐部；我们今天以后唯一重要的责任便是拥护我们的俱乐部！我们应该把俱乐部当自己的生命一样拥护他！"

李求实在编写宣传材料的同时，还兼管俱乐部劳动介绍所工

安源路矿工人俱乐部印制的部员证

李求实创办并主编的《安源月刊》，
后改为《安源旬刊》

《安源旬刊》编辑部设于安源牛角坡58号第二工人夜校内，图为牛角坡平房旧址

1923年李求实编辑的《安
源路矿工人俱乐部罢工胜
利周年纪念册》

作，尽最大可能为工人谋求权益。他在《劳动介绍所报告》中指出"失业者问题是社会问题中最重的一个问题。特设立劳动介绍所，以便为失业者谋生活之路"。在文中他制作了失业工人统计表，介绍自 1922 年 11 月到 1923 年 7 月劳动介绍所的工作情况。并详细解释了劳动介绍所章程，明确规定劳动介绍所的报名条件，指出"因停工失业者、因病失业者、因其他正当事项失业者"，可在本所报名介绍工作。劳动介绍所的设置解决了部分工人的温饱问题，扩大了工人俱乐部的群众基础。工人们高兴地说："从吃的到穿的，从用的到看的，俱乐部都替我们想到了，真是帮'炭古佬'谋利益的好团体。"

安源路矿工人"不识字者占四分之一"，为了使工人了解自己阶级在现在及将来社会上的地位，培养健全的奋斗者，俱乐部大力开办工人补习学校和工人子弟学校。李求实在紧张的工作之余，也会到工人中去演讲。他的演讲深入浅出，富有趣味，深受大家的欢迎。他曾这样说道："在过去一年的运动中，我们的俱乐部——我们一万多工友——颇得了些须胜利，也颇干了一二件可观的事业——合作社与学校——并没有遇着多大的阻碍，也并没有显出我们工友的无能……既然没有大的阻碍，自然不要很大的力量就可以做得下的，而且凡是第一次动手做事的，兴趣也高些，气概也盛些，所以，若不是过细观察，很不容易看出我们的

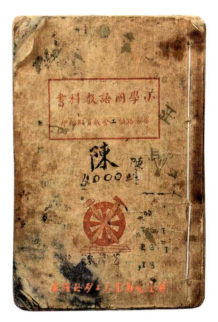

20世纪20年代初，安源路矿工人补习学校使用过的《小学国语教科书》

能力的不足。""在最近时期中，据我的观察，我们安源的工友有一种很不好的习气，这不好的习气就是自满！换句话说，就是自己以为自己的能力很足了！实在，我们安源的工友多半是有勇少谋的。就是：做事的勇气是有余的，能力实在不足！有勇少谋的人在我们的运动中——并且在一起的事业中——都是极危险的！"为了让工友理解其中的道理，李求实引申了一个汽车闯祸的故事，将有勇少谋的人比作无人驾驶的汽车，在街上横冲直撞，撞行人，碎玻璃，倒巡捕，多危险啊！他强调："我们安源的工人都是负着很大的责任的；今天以后，还有许多事都要我们去做的。所以我们每一个工友不仅要是一个肯做事的人，并且要变成一个能做事的人，一个做事做得好的人！我们若是不鄙弃自己，不看轻自己的责任，我们应该注意培养自己的能力，除去骄傲自大的坏习气！……遇事不能不顾一切的干去，要防备撞破头，跌断腰，防备遇着毒蛇猛兽，应该坐下来休息一下，歇歇脚力——培养自己奋斗的力量——以便上岩，过沟，穿过刺树丛林，想法打倒国际资本帝国主义的侵略与国内军阀的压迫。其中，最重要的使命是去培养自己的能力，以便排除当前的阻碍，向解放的路上前进！"

李求实在安源卓有成效的工作，深得工人群众的认可。在安源路矿工人俱乐部主任刘少奇所作《对俱乐部过去的批评和将来的计划》的报告中曾提道："文书股五易其人，各种文件及手续算是糟极，全无一点整理。往来公函布告杂件等底册，均无完全保存。各股的报告及表册统计等，也无一个很整齐的规划。但自李求实任股长后，前弊已清除。"在安源工人中也广为流传一首长篇历史叙事诗——《劳工记》，曾对他这样称誉道：

部里秘书李求实，
一切文件他写出。

安源工人中流传的一首长篇叙事歌谣《劳工记》(又名《罢工歌》)手抄本节选,创作于 1923 年,安源路矿工人运动纪念馆藏

上海报馆调得来,

罢工文件早安排。

……

求实秘书好调对,

传单宣言早准备。

派人四处发传单,

使得各界把心安。

……

三

青年运动展风采

李求实作为我党早期的政治理论工作者，他的名字与中共党史、共青团史紧密相关。在国内革命斗争工作中，李求实长期从事党和团的宣传教育事业，成为早期青年团组织在宣传、发动组织和领导青年工作方面的卓越开创者。受组织派遣，他曾赴苏联留学，回国后，分别担任过上海、河南、广东等地共青团的领导工作，先后主编《中国青年》《少年先锋》《飞沙》等报刊，每在一地，青年工作便会如火如荼，蓬勃发展。

《中国青年》

1923年8月，中国社会主义青年团第二次代表大会在南京召开，李求实出席并当选为团中央候补委员。会后，时任团中央宣传部长恽代英着手筹办团中央刊物《中国青年》，于10月20日在上海创刊。因缺少人手，年底，李求实被调到上海团中央宣传部，参加《中国青年》的编辑工作。1924年春，编辑部搬迁到一幢石库门小楼，一楼为寓所，二楼为编辑部办公室，三楼亭子间作为印刷室。在这简陋的环境下，恽代英、萧楚女、邓中夏、任弼时、李求实等一批共产党员以犀利的文笔和图文并茂的编排，在青年中传播和宣传马克思列宁主义，为进步青年作出革命的指导，帮助广大青年分析、认识纷繁复杂的社会和命运多舛的人生，使《中国青年》成为当时最具有生命力和战斗力的青年

中国社会主义青年团第二次全国代表大会的召开地：南京国立东南大学

1924 年中国青年社印行，
《中国青年》第一期至第
二十六期汇刊

位于上海市黄浦区淡水路
66 弄 4 号《中国青年》编
辑部旧址

李求实画传

刊物。

1924年4月，团中央局常务委员会成立，李求实担任农工部主任。此间，李求实对欧洲革命及苏俄的形势作了广泛的研究，先后撰写了《苏维埃俄罗斯财政现状》《煤油与国际政治关系》《爱尔兰独立战争史》《俄国农民与革命》等文章著作，积极推广马克思列宁主义，这些文章也成为中国人民了解各国革命的重要途径。其中，《俄国农民与革命》于1926年9月被收录于农民运动讲习所刊印的《农民运动丛刊》第十二种，是大革命时期农运干部和学员了解俄国革命的理论书籍。

1924年仲夏，团中央决定委派李求实等人到莫斯科东方劳动者共产主义大学（简称东方大学）深造。该校为东方各国被压迫民族的革命事业培养干部，从而促进东方国家的革命运动。李求实担任团中央驻莫斯科总代表、中国班党支部委员兼团支部书记，与罗亦农、王若飞等领导中国班的工作。中国班开设的课程是根据中国革命的需要拟定的，主要侧重于政治理论，如唯物史观、政治经济学、国际工人运动史以及马列主义经典著作等。李求实求知欲极强，对所有课程都满怀兴趣，认真刻苦地钻研，务求学懂悟透。课余时间，他还参加晚间站岗和休息日义务劳动，走访工厂和农村等地，帮助在莫斯科的中国工人补习文化。后来，他在回忆这次学习情况时曾说："这次学习对自己教育意义

李求实在黑海

很大，开始懂得一些马列主义的基本理论。更重要的是看到了共产主义的曙光，明确了今后的道路。对今后工作有决定作用。但可惜时间太短，一切还要靠今后的继续努力。谁要以为到了莫斯科这革命圣地，就取得了真经，自以为了不起，不是狂妄，便是糊涂，毕竟会害人害己，要辜负党的培养的。"

　　1925年5月30日，震惊中外的五卅运动在上海爆发，并很快席卷全国，中国工人运动再次进入高潮。据档案资料显示，1924年5月，上海的中共党员只有47人；这年10月，上海的青

南京路五卅惨案现场

年团团员也只有 300 多人；至五卅前夕，包括苏浙皖三省及上海本地在内的整个"上海区"总共才有 295 名中共党员。在缺少人手、力量单薄的情况下，李求实奉团中央之令，中断了在东方大学的学习，与王一飞一起带队率领二三十位同志回国。当时，在西伯利亚、远东一带密探甚多，稍有不慎就会暴露。李求实、王一飞制定了严格的纪律，在到达海参崴后，召开会议，集中留下苏联同志赠送的各类纪念品。秦怡君是东方大学中国班五位女同志之一，她有一枚共产国际东方部部长赠送的五星宝石，上面镶有金的镰刀和斧头，非常珍爱，割舍不得。李求实和同志们就此对她进行了严肃批评，使她深受教育。由于纪律严明，李求实等人于6月顺利抵达上海。随后他在上海团中央工作了两三个月，负责编辑《中国青年》，和团中央书记任弼时夫妇同住一处。任弼时夫人陈琮英曾回忆，"当时我们都是青年人，好动、好玩。紧张的工作之余也常常做游戏。我的个子小，求实将我藏在柜子中，让弼时找。捉迷藏，我们常常开怀大笑"。

五卅惨案后，帝国主义勾结军阀政府，破坏、打击上海工人

李求实在上海

运动。他们下令封闭上海总工会和工商学联合会，通缉上海总工会委员长李立三，上海工人运动受挫，青年中产生了种种糊涂的看法。这年9月，著名学者胡适在《现代评论》上发表《爱国运动与求学》，文章认为五卅运动中表现出来的民气，已是强弩之末，群众运动是不能持久的，提出青年人不要跟着大家呐喊……这只是发发牢骚，出出气，算不得真正的救国事业，要青年人闭门读书。这种观点在青年人中影响很大。李求实特意撰写了《评胡适之的"新花样"》，一一批驳了胡适的观点。他指出："真正的民众运动是有力量而且能持久的，因为他有共同的目标、严密的组织、领袖和继续不断的努力。我们并不否认，现在的民众运动没有作到好处，已是强弩之末；可是正因为这样，我们青年便更应该努力参加民众运动，明显地指出民众共同的目标，使他们严密地组织起来……"他强调，"中国的国势已经到了极危殆的地步。犹如根基已不稳固的一栋破旧房屋将要倒塌一样，不是点零碎修葺所能挽救的，而须根本改造。中国的病，只须一剂最有效的圣药来医治：便是组织民众起来从事革命。倘使现在说'救国千万事，何一不当为'，这简直是帮助军阀和帝国主义者来分散民众革命的势力……中国今天所需要的'有用'的东西，是真能'到民间去'，宣传民众，组织民众，并能领导民众的革命者。革命者只有在革命活动中才能铸造成功"。

李求实在《中国青年》第 4 卷第 97 期发表《政局之最近的一幕》

李求实在《中国青年》第 4 卷第 96 期发表《特别关税会议》

1921 年华盛顿会议之后，北京政府曾提出中国关税自主，通过了《关于中国关税税则之条约》，决议在中国召开关税特别会议，但帝国主义国家以各种借口拖延。直至五卅运动爆发，帝国主义为缓和群众的反帝情绪，联合企图提高关税以充实国库的北京政府，召开了特别关税会议，意图麻痹人民群众尤其是参加革命的进步青年。为了揭露会议的丑恶行径，帮助广大青年认清当时的形势，李求实在《中国青年》上先后发表《特别关税会议》《政局之最近的一幕》《十四年之回顾》等文章，着力披露了帝国主义勾结军阀宰割中国的事实。他指出"所谓民国的十四年，只是一卷帝国主义与军阀勾结着祸国残民的影片而已……因之，人民在军阀统治之下，只有日益痛苦，日益难堪!"并指出"我们应该有更普遍的反抗运动，我们青年自己应该了解这问题的严重性而积极的反抗起来，更应该到一切可能去的群众中去为他们解释，帮助他们了解，号召他们起来反抗。"李求实的文笔犀利，极具针对性，以其敏锐的视角，准确分析了此次阴谋，对维护国家主权，争取关税自主的群众性示威游行运动起到积极的推动作用。虽然最终关税会议无果而终，但关税自主运动提高了人民的觉悟，有力打击了帝国主义和军阀的嚣张气焰。

这一时期，李求实以"求实"和"秋士"为署名发表了多篇针砭时弊、宣传马克思主义的政论文章，因其切身的经验和较为扎实的理论功底，他的名字在进步青年中不胫而走，成为我党最早的一批政治理论工作者之一。1925年秋天，受组织派遣，李求实以中州大学教员的身份奔赴河南，筹建共青团豫陕区委①。

河南共青团

1925年9月，党中央召开第四届中央执行委员二次扩大会

---

① 1925年1月，在中国社会主义青年团的第三次全国代表大会上，将中国社会主义青年团改名为中国共产主义青年团。

议，决定在河南"迅速建立一个强有力的区委"。根据会议要求，10月中旬，中共豫陕区委执行委员会成立（简称中共豫陕区委），王若飞任书记，委员李求实、黄平万、李震瀛等。10月24日，共青团豫陕区委建立，李求实任书记。它们的建立，标志着河南革命运动由二七惨案后的低谷走向高潮，河南成为全国革命形势较好的地区之一，具有重要的地位和影响。

共青团豫陕区委一成立，李求实即着手加强各地组织领导，一面派张霁帆等到河南信阳、郑州、荥阳、安阳等地巡视工作，帮助各地团组织制定切实可行的工作计划；另一面，由于马克思主义在河南的传播，较京、沪等大都市稍迟几年，第一次全国工运高潮时期，马克思主义仅在开封、郑州等几个城市的少数知识分子中传播，直到五卅运动的革命风暴席卷中州大地，先进思想界才冲破各种牢笼，真正接受马克思主义，为此，李求实与时任豫陕区委宣传部长萧楚女等在开封一起组织河南书店，发行《中国青年》《中州评论》等进步期刊，推动马克思主义在河南的传播。

早在1923年2月，河南就建立了共青团组织。在团中央的直接领导下，河南地区的青年在革命斗争中始终处于先锋地位，地方性革命先进团体也逐渐发展起来。其中影响力较大的有开封省立一师的"青年学社"，开封省立二中的"青年社"，中州大学

李求实在开封龙亭

中共豫陕区委的机关刊物《中州评论》

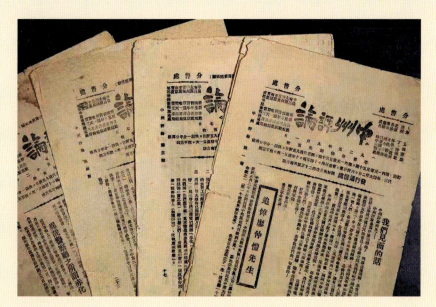

附中的"青年救国团""青年干社"等。这些青年组织皆为马克思主义性质的社团,其组织形式和口号也大同小异,都以"打倒帝国主义""打倒军阀""为中华民族的独立统一而奋斗"等为宗旨,在反对关税会议、声援五卅运动等革命活动中有着突出的表现,对于推动马克思主义在河南的传播、推动人民群众的觉醒起到了积极作用。但李求实发现青年社团蓬勃发展的同时也出现了一些问题。首先,社团多由学生自发组织筹建,青年学生所具有的浓厚的小资产阶级思想随着实践的发展逐渐暴露,各社团形成了相互竞争,自立山头的局面,极易被敌人利用动摇军心;其次,尽管各社团目的相同,但实际行动中缺乏联系,通常是独立开展行动,一定程度上削弱了革命力量。

李求实高度重视革命力量的凝聚,为了统一领导全省青年运动,他除了撰写文章宣传、号召革命力量紧密团结外,还在实践方面带头努力促进革命大团结。他首先提出统一合并开封各进步团体的意见,多次主持召开河南地区党团员联合会议,讨论防止青年运动分裂、青年组织合并问题及具体工作事项。随后亲自深入各青年团体开展调查,对团体内的党员及团员开展思想动员工作,宣传青年运动联合发展的重要意义。在李求实等人的努力下,最终各团体主要负责人同意将团体合并,决定筹备统一的青年革命组织——"河南青年协社"。其间,李求实悉心指导社团

1926 年 1 月 17 日《益世报》（北京）
刊载《河南青年协社成立大会》

河南青年协社之宣言、总章、各项计划

合并的筹备工作，协助起草协社的成立宣言、总章、计划等文件，为青年组织的发展付出了大量心血。

1926 年 1 月 9 日，在中共豫陕区委、共青团豫陕区委领导下，"河南青年协社"成立大会于中州大学隆重举办，1600 余人参会，省总工会，京汉铁路总工会，荥阳、信阳等地农会和省妇女联合会等派代表到会祝贺。会议通过了协社章程、运动纲领等文件，选举产生了领导机构，并采用民主集中制原则，由全体代表大会选举产生九人组成总社执行委员会，"对外代表本社执行大会各种决议案，审议及决定本社一切进行方略"，下设书记部、宣传部和组织部，分管社务文书、对外宣传及对内教育培训事务、社团组织发展工作等，并规定各县可设立分社，各学校可设立支社。由此可见，在李求实等人的领导下，相较于以前分散的青年团体，河南青年协社俨然已发展成为较为严密的政治组织，成为团结全省广大青年的党的外围组织。

河南青年协社的成立宣言中强调："工农是民族解放战争中的主力军，一般有觉悟的知识青年是先锋队……我们为了要完成中国民族解放的工作，便应到工农群众中去，组织他们，训练教育他们，打破他们的沉梦，唤起他们潜在的威力，伺候他们去迎敌应战。"为此，在李求实等人的指导下，青年协社总社及各分社均设立青年工农运动委员会，专门负责指导青年开展群众工作，引导学生利用假期深入到各地的工农群众中去，开办补习学校，开展宣传教育活动，提高工农文化知识和思想觉悟，壮大革命力量。根据河南青年运动迅速发展的实际，李求实还积极筹划开办团干训练班，并作为主讲教员亲自撰写讲义、给学员授课。这类党团训练班还在郑州、杞县等地开展过多期，主要开设"资本主义社会之本质""无产阶级革命与国民革命""党的知识""列宁主义概论"等课程，多为李求实、王若飞等人主讲。党团训练班的开办，进一步提高了干部的马列主义理论水平，为河南青年运动的进一步发展奠定了组织基础和理论基础。

　　　　　　　　　　　　　　　　　李求实画传

1925 年，奉系军阀因扩张势力同国民军和直系军阀矛盾加剧，五卅运动中又在各地镇压人民的爱国运动，成为全国人民最凶恶的敌人。10 月，直系军阀吴佩孚宣布讨奉，冯玉祥的国民军参加反奉。11 月，吴佩孚转变态度，公开"联奉、反冯"，进攻国民军。至 1926 年 3 月，驻守河南的国民二军失败，直系军阀重新占据河南，反动气焰甚嚣尘上，河南乃至北方革命运动转入低潮。中共豫陕区委、共青团豫陕区委、开封地委、河南省总工会等机构相继瘫痪，李求实等主要领导人被迫转移。他在河南工作短短数月，从宣传马列主义、青年团组织建设到工农革命运动等都作出了显著成绩。在繁重的工作之余，李求实总要到黄河大堤上散步，看着千里奔腾的黄河，心潮澎湃，曾写下了一首名为《黄河大堤晚眺》诗词：

大河经百徙，故道尚微茫。
白苇连岗蔓，金沙卷地黄。
壮观惟叠浪，乡思在遐方。
笔阵凌空起，桑干渤海旁。

革命论战

五四运动以后，社会发展风云激荡，各种新思潮层出不穷，在各种主义的影响下，群众团体如雨后春笋到处涌现。其中，1919年7月1日，由李大钊、王光祈发起成立的少年中国学会，是五四时期会员最多、分布最广、历史最久、影响最大的社团之一。该学会在成立之初是以一个包罗万象、思想自由的姿态出现的，因此能够聚拢各方面的知识分子及进步青年。然而，这种宽泛的理想在初期能够聚拢人心，但当会员就"宗旨主义问题及政治活动问题"意见相左，争论不休时，学会内部产生了共产主义和国家主义的分歧。直至1923年12月，以曾琦、李璜为首的少年中国学会的部分资产阶级右翼分子在巴黎秘密成立了国家主义的正式组织——中国青年党，并创办了《醒狮》周报，宣扬"对外以力争中华民国之独立与自由为旗帜，对内以推倒祸国殃民之军阀，实现全面政治为信条"，实际上是用超历史、超阶级的国家观念，以革命的口号加以伪装，进行反共反革命宣传。1925年五卅惨案激起国内反抗帝国主义的行动，同时也为国家主义在国内传播创造了更加有利的条件。此后，全国各地出现了一些国家主义团体以及鼓吹国家主义的报刊，国家主义派以这些报刊为喉舌，公开自己的立场，与马克思主义者展开了长达十余年的论战。

1926年春夏，李求实经武汉回到上海，接替林育南任《中国青年》主编。此时正值中国共产党和国家主义派开展论战最激烈之时，为了贯彻中国共产党反帝反封建的革命纲领，巩固共产党对青年运动的领导权，他即以《中国青年》为阵地，对国家主义派散布的种种谬论进行有力的批判。5 月至 7 月，李求实陆续发表《我们的功罪——斥醒狮派诸领袖》《五卅杂话一束》《近来颇有些妄言家》《国家主义派的"实际行动"》《怎样才能"到民间去？"》等近 20 篇文章。

针对国家主义派攻击"共产党、青年团包办中国的革命运

1926 年 5 月李求实在《中国青年》第 5 卷第 119 期发表《我们的功罪——斥醒狮派诸领袖》

1926 年 6 月李求实在《中国青年》第 5 卷第 122 期发表《五卅杂话一束》

1926 年 7 月李求实在《中国青年》第 5 卷第 125 期发表《国家主义派的"实际行动"》

动"，李求实强调"共产党和青年团是领导工农乃至一般被压迫的民众，在国民革命的旗帜之下，努力于民族解放运动的工作。他们的努力，应该值得一切被压迫民众的赞赏，他们在群众中的领导地位，应该值得一切被压迫民众的拥护。共产党和青年团从来没有幻想包办中国的革命运动，这种说法甚至于是把共产党和青年团的力量看得过于大了！他们现在还只能影响大多数的青年学生群众，还说不上能如何实际去领导。且对现在的学生运动并不十分乐观，许多地方的学生运动并没有走上正当的革命的轨道上去。因此，共产党和青年团一面觉得自己过去的工作没有作到好处，同时深深感觉醒狮派诸领袖对于革命运动之'投井下石''借刀杀人'的态度之令人痛心"。

他还指出，"共产党和青年团曾经尽了最大的努力，想促使一切革命分子都联肩到革命的战线上去。然而，自命为站在民众方面从事'彻底革命事业'的国家主义派只是图口里和笔下的痛快，遇着真正的革命工作便向床下马桶里藏着，甚至拿共产党青年团的努力作为其罪状而横加攻击与非议，阻挠革命运动的进展，以遮掩自己不能从事实际工作之耻辱，并求苟容于帝国主义者与军阀，于是既享有'革命党'之荣誉而又不受丝毫'革命党'应受的危险！"为了彻底撕破国家主义派自诩为"彻底革命者""青年运动领袖"的假面目，李求实尖锐地指出，"国家主义派的领袖们颇有着'他们的'进步，他们已经'由言论进而实际行动'了。国家主义派殴打北京的共产党，蹂躏重庆进步的新闻记者，更持刀弄杖殴伤反对糊涂学说的青年学生，且勾结军警加以逮捕——这都是国家主义派对付革命势力的'实际行动'！"

李求实热爱青年，关心青年，是青年的良师益友。他对一切反动思想进行着无情的揭露与批判，并表示写这些文章"并不是想同醒狮派作什么辩论，只想和一般的青年，特别是一部分被这些所谓'领袖'蒙蔽的可爱的青年学生谈谈"。同期，他还撰写了《同学间难于合作吗？》《怎样利用今年的暑假》《开学以后》等文章，引导青年学生正确认识自己在当下国民革命运动中的地位，为广大青年指明革命方向，壮大了马克思主义的队伍。

广州共青团

1926 年 7 月，在国共两党的共同推动下，北伐战争在"打倒列强，除军阀"的口号声中正式开始，一场以推翻帝国主义列强在华势力和北洋军阀为目标的国民大革命浪潮席卷中国。是年 8 月，受共青团中央派遣，李求实自上海调任共青团广东区委宣传部长，负责两广地区的青年革命运动。他到达广州时，省港大罢工蓬勃高涨，北伐军已经直趋两湖地区，革命形势一片大好。然而两广地区的青年运动，却给他一种"沉闷"的感觉，"青年中十分之四五都静悄悄地在掘地拾草，制磷寸，拉风炉，再就是读古文，翻字典；十分之三四都在茶楼、餐馆、游戏场、公园乃至妓院赌窟中讨生活。青年多不了解工农运动的意义，不积极参加，且时常表示对于此等运动的不满意与愤憾"。眼看这种情形，李求实感到万分焦灼，决心设法"溶解那坚固的铁板，去救出那重围的人们"。为此，他主持创办了共青团广东区委机关刊物——《少年先锋》，目的是引导青年认识国情和世界形势，理解自己的历史使命。正如李求实在 1926 年 9 月 1 日出版的《少年先锋》创刊号上发表的《寄元瑛（代发刊词）》指出的："我们定期发行这小册子，便是想唤起这般青年群众注意自己的问题，引导他们杀出一条血路来。"

当时，广东区团委机关设在文明路 75 至 81 号，是一座四间相连的三层楼房。一楼是商铺，二楼是共青团区委机关，三楼是中共区委机关。李求实所在的宣传部是二楼临街的一个十多平方米的小房间，《少年先锋》编辑部也设在此处，房间里只设有两张办公桌，一个木书架和一个文件柜。他的住处是紧靠办公室的过厅隔开的一间房，宽四尺、长七八尺的斗室，没有阳光，日夜都要点灯。由于编辑部人手不够，李求实要亲自组稿、审稿，以及办理印刷、发行等各项工作，几乎负责了整个编辑部的事务。他既是编辑，也是作者，基本上每期都有他的文章，也因此经常

1926年国民革命军在广州东校场（今人民体育馆）举行北伐誓师大会

李求实创办的《少年先锋》

中共广东（两广）区委旧址

在这两个小房间内工作到深夜。

为适应时政宣传和青年的需要，李求实将《少年先锋》定为半月刊，辟有小说、诗歌、戏曲、散文、杂文、通讯等栏目，并向恽代英、元瑛等革命家定期约稿。《少年先锋》的征文要求是"文字以浅显而饶有兴趣为要"，李求实认为这些作品虽然"会多着不和谐的音调，不雅训的字语；一面，我们希望接受读者的指正，可是一面则又以'下等人的本色'自解自慰，因为这个并不是为了歌伎舞女们在玫瑰色的毡坛上娱乐先生、大人、老爷、太太们而存在！""我们不注重形式的美，老实说，我们真有点嫌'志摩式'的'华丽'！"正因为李求实提倡大众文学，特别注重

《少年先锋》集，
鲜衣怒马封面画

文艺的通俗化、大众化，《少年先锋》一经刊出便在两广地区引起广泛的影响，发行量持续增长，由几千份增加至近万份，成为两广地区宣传马克思主义的主要阵地和指导青年革命运动的重要工具，唤起大量青年投身到轰轰烈烈的革命队伍中。《中国青年》曾专门发表评论推崇《少年先锋》："只看他一张封面画，就很足以使人兴奋的了，一个在怒马上的青年战士，举着剑，在硝烟弹雨人马杂沓里向前冲！"著名作家洪灵菲在其长篇小说《前线》中曾描述革命青年林妙婵在白色恐怖下"即刻想到《少年先锋》

上面那幅封面画——一个怒马向前奔去，手持大旗，腰背着枪的少年战士的封面画——她的胆气即时恢复了"。这些都足以说明《少年先锋》在大革命时期的广泛影响。

李求实在《少年先锋》上撰写的大量文章多为时事述评、政策阐发和檄文号角，不仅宣传了反帝反军阀的斗争精神，还运用马克思主义指导青年运动。诸如《从此要开始"赤化"了——最近政局之观察》《"炮舰政策"——英帝国主义最后之挣扎》《小子之辛亥革命馆——并及怎样应付当前的新局面》等文章，对当时的革命问题提出了许多精辟的见解。一方面讴歌国民革命军北伐，对于民族解放的前途，与辛亥革命实具有同样重大的意义；另一方面，指出现在的北伐可以说是一种"犁田"的工作，离着"秋收"还远，因为犁田后还要插秧，寻见野草蔓生，杂花滋长，稼禾云乎哉？最重要的是，革命的基础——民众组织。我们要组织民众，训练民众，引导他们走向最后的决死战——革命——那方向去。他还撰写了《四年来的一个疑问——"广州学生哪里去了？"》《分崩离析的广州学生》《懒牛多屎尿——海丰的青年农民生活》《危机——学生领袖与群众的隔离》等文章，讨论广州青年存在的问题，以及青年所关心的恋爱、婚姻、读书等问题，指出劳动运动之所以有力量且能发展，无产阶级之所以能抵死与资产阶级抗争，主要的原因是全无产阶级有着共同一致的利害，自然能向同一的目标共同奋斗。然而广州的学生群众没有感受到共同的利害，以至于造成今天这种分崩离析的局面。并提出"我们并不是希望学生运动能够像劳动运动同程度的发展与成功，我们只是说，学生群众要解决关系自身利益的择师减费等问题，必须如劳动运动一样，有着利害一致的学生群众作斗争的基础"，并大力呼吁进步的青年与群众亲密地结合起来，把读书所习得的知识，应用到实际的革命工作中来！李求实的文章不仅在内容上能把握青年的思想脉搏，而且在形式上能够契合青年的特点，使青年们感到具体、生动、亲切，深受青年的喜爱。他作为《少年先锋》的培育者，对中国青年运动，特别是两广青年运动，作出了很大贡献。

广州作为当时中国革命的策源地，有相当的言论、出版、集会自由，多少青年心向往之，不远千里而来求学。国立中山大学集中了大批的革命青年，至 1926 年，中大的共青团员有二百多人，组成中大团支部，团支部下面有很多团小组。那时候党员都参加了团的组织，这个组织担负了教育、领导青年学生的责任，是广东团委领导下的最大的一个支部。李求实身体力行，常常深入班级，参加团小组的讨论会议，把同志们的问题与意见，记录在怀中的日记本里。有一次一个团小组讨论的题目为"初期共产主义社会是什么样的？"，李求实恰巧出席这个会议。大家争着发言，有人说"婚姻可以自由了，那时恋爱与家庭生活是美满的"。

他微笑低额，缓缓地补充说："那时候将消减人剥削人的制度。"团小组会议常常这样活泼并愉快地进行，李求实温厚纯朴的性格亦使得学生倍感亲切，丝毫没有"被教育、被训示"的感觉。在共青团的领导下，中大的学生活动搞得很活跃，几百个团员可以一起集会，每周开一次党团员大会，听政治报告，发表工作意见，李求实经常来作报告，题目有国内外时事、社会主义、唯物辩证法等等。同时，他还到黄埔军校和广州农民运动讲习所讲课，这些宣传教育工作为党培养了大批革命骨干。

1926 年 7 月，时任中山大学文科学长郭沫若北上参加北伐，革命师生极希望聘请一位富有革命性的教授来主持文科。由于中山大学是在第一次国共合作的大背景下建立的，有着浓重的国共合作色彩，在学校领导的担任问题上，两党也要进行协商以达到一致意见。时任中共广东区委书记陈延年推荐了著名文学家鲁迅，随即部署了恽代英、邓中夏、李求实等人与中山大学新上任校长戴季陶商谈，经过几个回合，终于谈妥。11 月，鲁迅接到任教中山大学的聘书，陈延年指定李求实和学生运动委员会书记毕磊等人研究欢迎鲁迅事宜，李求实决定发表文章欢迎鲁迅。次年初《少年先锋》发表了《第三样世界的创造——我们所应当欢迎的鲁迅》，文章热情肯定了鲁迅创作对革命的贡献，指出鲁迅的方向是"向前的"，认为他"不但在消极方面反对旧时代，同时

黄埔军校旧址

20世纪20年代的中山大学

在积极方面希望着新时代"，热切希望人们正确认识与理解鲁迅精神。这种科学地对鲁迅的认识和评价在革命文学阵营里是不多见的，显然也代表着刊物主编李求实的态度。遗憾的是一切欢迎准备工作就绪之后，因两湖地区缺少干部，李求实被抽调到湖南省团委工作，二人最终未能谋面。李求实主编的十二册《少年先锋》也转而由中共广东区委交到了鲁迅手上。鲁迅在广州时期曾在他的日记和文章中一再提到《少年先锋》，指出"这个刊物里面分明是共产青年的东西"。

李求实在注重党团工作的同时，考虑到当时工农民众较低的文化水平，因而特别注意文艺宣传的通俗化、大众化。1926 年 7 月，他编选了一本歌谣小册子——《革命歌声》，共收录歌曲十五首，每首歌曲都有五线谱和简谱两种，其中一部分是他自己创作的。李求实在为这本歌集撰写的序言中写道："这册子里面，奏着的是简单而激越的曲谱，唱着的是朴质而壮烈的歌声，通篇燃烧着的更是一片叛徒们不平的反抗的火焰。""革命的歌曲是革命军的'生命素'，是他的无可抵御的炮火刀剑，是他的无限的生力军的源泉"，"我们每一个青年都可以不自菲薄地承认自己是革命战场中之一员，我们当然应该获得这个至宝，培养并且聪明地使用他在我们的后防、前线"。他除了在序言中高度赞扬了《国际歌》《马赛曲》，还为《少年先锋歌》《马赛曲》《二七纪念歌》撰

李求实编辑的《革命
歌声》封面

写了热情洋溢的说明词。《革命歌声》中的一些歌曲，曾经在黄埔军校、北伐军和红军中传唱，流传到革命根据地之后，根据地的文艺工作者填词，又编创了一批催人奋进的革命新歌。这些歌曲对鼓舞红军斗志、动员人民群众，发挥了巨大的精神作用，可以说，《革命歌声》为红军歌曲的编创起了十分重要的移借作用，无疑也是李求实编辑歌谣的良愿初衷。

　　1926 年 12 月，李求实和中山大学共青团员、《少年先锋》编辑陈修良结婚。婚后，因工作需要，李求实仍单独住在两广区委机关，陈修良住在东皋大道。在李求实离开广州前曾写下《两个爱人对话》，文章指出："好多青年都因为讲恋爱，竟至妨碍革命工作，是很不好的！""我们革命党人应当把恋爱当作激发革命精神，锻炼革命工作，磨砺革命彻底一贯之主张的从事，要恋爱中推出原理，纠正一般青年的错误！我因为爱你，就愈加努力革命工作，愈加刻苦自励，总之，我们是要领导青年群众，我们的恋爱也要做他们的模范。"这篇文章正是李求实夫妇的写照，李求实是这样说，也是这样做的。大革命失败后，李求实奔赴广州，陈修良远赴苏联，这对伴侣始终把革命放在第一位，直至献出家庭乃至生命。

1926 年爱国学生陈修良

李求实画传

四

白色恐怖勇斗争

LI QIUSHI

北伐战争的胜利进军，工农运动的猛烈高涨，给予帝国主义在华的侵略势力和北洋军阀的反动统治以致命打击。在革命蓬勃发展之际，1927年4月12日，蒋介石突然在上海发动反革命政变，大革命面临着深刻的危机。为挽救革命，李求实等早期共产党人勇敢地独立高举起革命的旗帜，在实践中进行了艰苦的探索。

革命政变

1927年1月，因两湖急需干部，李求实在编完《少年先锋》第十二期后，奉命调到湖南长沙，担任共青团湖南省委书记。他在到任前，曾在上海短暂停留。此时，北伐军势如破竹，先后攻克湖南、湖北、江西、福建等地，革命力量迅速由南向北扩展至长江中下游。在这种情况下，部分同志只看到胜利，盲目乐观。李求实认识到胜利中暗藏的危机也在逼近，随即撰写了《旧调重弹——革命尚未成功》一文发表在《中国青年》，并出时任共青团中央宣传部长陆定一翻译成英文，在《密勒氏评论报》发表。他清醒地指出："我们的主要敌人——帝国主义，都正在盘马弯弓……最毒辣的则莫若企图分裂革命政府，而不纯分子混入革命队伍可成这阴谋的种子"，"民众的组织还没有充分的发展与巩固，尚不能做革命政权之后盾……张作霖和帝国主义一起唱出排舊調新彈——「革命尚未成功」

英國若以武力細制南方，實為無上之徼倖」（見二十六日東方電）。同時，他們亦企

楊宇霆在京已明白表示奉系只反對赤化而不反對「三民主義」，且贊成「國民會議」。

圖以政治手腕，軟化國民政府中之所謂「穩健派」，達到南北一致反赤的陰謀。前次

由此我們可以看出奉系軍閥亦在英帝國主義的兩刀政策影響之下，施行一致的半迫脅

的陰謀。

在以上所述，帝國主義號召列強和國內反動勢力一致對中國民眾進攻，同時並以種

種形式誘惑國民政府所謂穩健派脫離革命羣眾，分裂革命聯合的最大陰謀之下，我們

全國革命民眾，革命青年都須一致警惕，起來應付這個歷史的殷重時期！倘若帝國主

義軟硬兼施的政策得逞，使帝國主義的工具奉直軍閥及其好友所謂穩健派得以內應外合

的成功，結果是國民革命的失敗！

在急轉直下革命運動向前突進，敵人加緊進攻的現在，是中國革命運動鬥爭最緊

要的關頭！全國革命戰士都願一致伐奉賊的廢戰，一刻也不能疏忽與休息！

前我們一致爭鬥的口號是：

反對英帝國主義領導的四國出兵協定！

鞏固國民革命聯合戰線！

擁護國民政府，並幫助他與帝國主義黑鬥反對到底！

求實。

1927年1月29日李求实在《中国青年》发表的《旧调重弹——革命尚未成功》

俄反共却不反对国民党的口号，拉拢国民党右派，企图分裂革命势力。"他基于在两广地区的实际工作经验总结道："革命政府统治的各省土豪劣绅，贪官污吏，明目张胆或隐藏在某一假面具之下而存在。民众势力一发展，此种反动势力即随之而起，作困兽之斗。"李求实对革命形势作出了切中要害的分析，呼吁大家在胜利面前保持清醒头脑，充分认识革命道路的漫长和艰巨。

不久，李求实到达长沙，此时正值冬季。他与团省委宣传部史训川以及田波扬夫妇同住在晴佳巷的旧式楼房里。他的房间十

分简陋，只有两张桌子、一张床和两个破箱子。冬天烧不起火盆，手冻得发僵，始终坚持撰写各种指示和报告，描绘湖南省团组织发展与组织形式的线图。当时，长沙虽然已掌握在北伐军手上，但也只是挂着革命旗号，一切还是原封不动，一些军官们嚷嚷着："革命不过是把旧的大老板换成个新的大老板，还不是为了升官发财！"此时，湖南农村地区掀起了一场迅猛异常的革命大风暴，攻击的矛头直指土豪劣绅、贪官污吏，旁及各种宗法的思想和制度。土豪劣绅们见势不妙，逃到长沙向革命军控诉农民是"流氓、痞子"，许多地主出身的北伐军军官大嚷大叫。在紧张的政治局势下，李求实认为要使革命成功，必须着力培养从事工农运动的青年团干部，使他们保持清醒的头脑，统一思想。为此，他组织开办团干训练班，训练各县团干部，并亲自撰写讲义，给学员上课，主要给干部介绍革命形势、青年运动、工农运动、国共合作、共青团的性质和任务等内容。即使这样忙，每逢群众集会，他还是积极参加。有一次，因时局紧张，纠察队员怕发生危险，不让他进入会场，李求实笑着说："我们团省委是领导革命的机关，不是脱离群众的队伍，更不需要保险公司为我们作人寿保险！"

正当工农群众运动迅速高涨的时刻，4月12日，以蒋介石为代表的国民党右派悍然发动了反革命政变，大肆屠杀共产党人和

四一二反革命政变后，大批共产党人和革命志士遭到搜捕和屠杀

革命群众，大革命遭到严重挫折。在革命的紧要关头，中国共产党第五次全国代表大会于 4 月 27 日至 5 月 9 日在武汉举行。李求实作为正式代表从长沙赶赴武汉。大会展开了激烈的思想碰撞，李求实等代表围绕无产阶级如何争取领导权、如何领导农民实行土地革命、如何对待武汉国民政府和国民党等问题进行了热烈的讨论。这次会议提出争取无产阶级对革命的领导权，建立革命民主政权和实行土地革命的一些正确的原则，但对无产阶级如

中共五大和共青团四大会址（原武昌都府堤 20 号国立武昌第一小学，今中共五大会址纪念馆）

何争取革命领导权、如何领导农民实行土地革命等，没有提出有效的具体措施，难以承担起挽救革命的任务。中共五大闭幕后，李求实紧接着出席了中国共产主义青年团第四次全国代表大会。大会选举产生新一届团中央局，任弼时当选团中央书记，李求实当选团中央委员，任团中央宣传部长兼《中国青年》主编。

　　为着工作上的便利，李求实住在团中央机关内。这个机关设在汉口协和里基督教青年会（今黎黄陂路与中山大道交叉路口）隔壁的一幢洋房里，同住的有任弼时夫妇、杨善南。其间，李求实

中共五大会场历史照片（中共五大会址纪念馆征集于俄罗斯国家社会政治历史档案馆）

中共五大开幕式会场历史照片（中共五大会址纪念馆 2016 年 9 月征集于俄罗斯国家社会政治历史档案馆）

1927 年 5 月 11 日《汉口民国日报》刊载的《中国共产主义青年团第四次全国代表大会开幕宣言》

李求实画传

也曾几度回家看望亲人，并再三向父母说明，他还要继续去做许多革命工作，对于家庭生活困难，没有办法帮助，求得家人对他的谅解。这一时期，李求实的工作更加忙碌，常常彻夜难眠，胃病也随之发作。但在百忙中他还坚持抽空阅读英文版的列宁论组织问题等著作，思考中国革命问题。他说："外国语是学习革命理论的不可少的工具。"也常引用列宁说的"没有革命的理论便没有革命的行动"那句名言，批评那些借口工作忙、轻视理论学习的同志的错误观点。

5月21日，湖南的国民党军许克祥部在长沙发动马日事变，袭击湖南省总工会、省农民协会及其他革命组织，捕杀共产党人、国民党左派和革命群众。马日事变是以汪精卫为首的武汉国民党"分共"的序幕，是湖南土豪劣绅反攻倒算、破坏农民运动的一次严重事件。当李求实得知与他并肩战斗的湖南省团委负责同志田波扬、史训川等惨遭杀害时，悲痛万分，义愤填膺地说："我们誓必为烈士报仇！我们必须战胜万恶军阀和一切吃人的野兽！杀害民众者最后一定要被民众所杀。"此时，武汉的革命形势险象丛生，蒋介石已叛变革命，汪精卫认为当时"分共"虽"时机未至，而各人已不能不做那必要的准备"，开始限制工农运动，力图控制武汉局势，观望风向，随时可能从动摇转为背叛。中共中央面对的斗争任务比前一时期更加复杂，怎样对付武汉政权外的敌人，怎样对待这个政权内很不可靠的同盟者，这都是迫在眉睫的重大问题。

李求实作为团中央负责同志，时常要去参加一些重要的会议，会议主要在争论党中央的路线问题，他对以陈独秀为代表的右倾机会主义错误是表示坚决反对的。诸如中国革命道路问题，党内众说纷纭，有人认为中国革命和俄国1905年民主革命相同，有人认为同无产阶级十月革命相同，有人高呼"走非资本主义道路"的口号，要搞社会主义革命，打倒资产阶级。对于"国民革命成功以后紧接着当是无产阶级革命，国民革命的政权即刻被无产阶级独霸去"的看法，李求实明确表示不同意，他认为："革命是必然成功的，可是究竟何日能够成功，倒不是我们可以推算的。""我们必须从现实的状况中认清国民革命的意义。我们必须切实而勇敢地走上我们应走的道路，不为邪说滥言所欺。"正因为他有相当的理论基础，又是一个勤学苦思的人，对中国革命的复杂性、长期性和残酷性比当时一般同志有较深刻的认识。他曾经对某些听到北伐胜利只知道欢欣鼓舞而看不见危险的天真烂漫的青年说："革命不像孙悟空翻筋斗那样容易。中国是个大国，中国的病害得很久，又害得很重，不是一剂药便可治好的。我们应作长期斗争的准备。要学好理论，炼好身体，百折不挠地去唤起多数劳动者的觉醒，将他们团结起来，组织成为一支经得起战斗考验的大军的时候，我们才有把握说——革命的最后胜利距我们不远了！"

地下斗争

面对日益严重的反革命形势，7月初，湖北省委会议决定转入地下斗争，已经暴露而不能在武汉工作的同志撤退到其他地区。其后，为安排团中央撤到上海，李求实和杨善南先后搭船来到上海打前阵。在众家姆妈①的帮助下，他们租住了凤阳路的房子作为机关，共同策划工作。当时最大的问题是忙着如何派遣干部到各地去，如何隐蔽同志重新恢复组织，建立宣传网，研究政治路线与第三国际代表联络等问题。这些工作无一不是艰巨的。李求实沉着冷静地筹划，他常说："敌人的屠杀，不能说明它有理，也不能说明它有力，只说明它没办法，只好用恐怖手段来维持它的脆弱的统治。恐怖的作用是有限的。老子说过：'民不畏死，奈何以死惧之。'何况他们不能将中国无产阶级斩尽杀绝，更无法将中国人民沉没在血海里面。只要我们能与群众打成一片，有人的地方，便应展开我们的活动。现在的问题关键在我们能否根据新的形势，学会新的斗争方法。这样，便可转变形势，

---

① 陈馥，陈修良母亲。自 1925 年五卅运动时就参加帮助党的活动，掩护过不少革命同志，因而被同志们亲昵地称为"众家姆妈"。

准备力量，以取得新的胜利。"

7月15日，汪精卫召开武汉国民党中央常务委员会扩大会议，以"分共"的名义正式同共产党决裂。随后，汪精卫集团对共产党员和革命群众实行大逮捕、大屠杀。至此，国共合作全面破裂，由国共两党合作发动的大革命宣告失败。面对大肆搜捕和疯狂屠杀，一些意志薄弱、信仰动摇的不坚定分子纷纷登报退党，甚至公然叛变投敌。同时，还有不少人被蒋介石的革命辞藻所迷惑，为他北伐军总司令的身份所欺骗。为教育群众，宣传革命，李求实在上海着手筹办刊物，取名为《飞沙》，即取风暴来临前的飞沙之意。在这豺狼当道的时期，这小小的"飞沙"一再受到阻挠，历尽艰难，终于出版，其中大部分文章出自李求实之手。他认为，"这小小的刊物，虽然没有皓月的明光；但是一点萤火，也足以使我们隐约的辨别路径。虽然没有宝剑的锋刃；但是一片铜皮，也可以使我们的敌人滴血"。为揭露蒋介石、汪精卫的反共真面目，他于6月至8月间在《中国青年》《飞沙》上先后发表了《蒋状元叛变记》《本期暑期的环境与青年的责任》《"宁汉合作"之前途与革命民众之责任》《"夫子自道"之阴谋》等文章。

在这重重的包围攻击中，什么是我们的出路呢？李求实在文章中指出："第一，要积极的发展广大的反帝国主义运动，要把

1927 年 6 月 13 日李求实在《中国青年》第 163、164 期合刊上发表的《蒋状元叛变记》

蒋状元叛变记

求·实

列位！这篇文字只想告诉读者一件事实，那便是蒋介石的叛变。夫蒋介石者，赫赫一国民革命军之总司令也，而说他叛变，岂不怪哉！我说，俗语有，「天欲落雨，娘要嫁人」，一遭都是不足怪的事，同样，蒋介石总司令之叛变，也是不足怪的。

闲话休提。

话说，自从民国十三年（一九二四）曹锟用洋钱买得了大总统的椅子以后，他的乾儿子吴佩孚便领着一般直系的喽啰们横行天下，他们的铁蹄所至，人民都优若在汤锅裹过日子，真是大家都记得的，也不在话下。十三年冬季，冯玉祥派遣去打奉系的张作霖，冯玉祥却倒转戈来，直捣北京，把曹锟幽禁起来，因在兵船上过日子，曹锟推出赣门断省，吴佩孚被赶到湖北。

这时候，北方一带，彷彿久旱逢雨，又彷彿久雨之后，忽然天边漏出一絲曙光，逼地都有了些活气。工会的招牌又都出现在门楣上了。恰在此时，孙中山先生北上，喊出「召集国民会议」的口号，这样，更使北部中部的革命运动，多到不可数计，不仅仅工人，便是学生，商人也都被卷入这漩涡中。以群众为基础的革命运动，这时已经开始了。一般人民都吐了一口气，尤其是工人运动大活跃。工人从狱裹跳出来，工会的革命运动，如春水暴发，一澌不止。这一运动影响到

七卷壹古号

反帝运动发展到穷乡僻壤中去！第二，我们要肃清在国民党政府现在统治下的一切蒋介石的影响，彻底打击一切土豪贪官污吏，建立乡村自治。第三，我们要发展并整顿工农的组织。许多人以为工农此次受了摧残，将一蹶不振，这完全是错误的推测，工农的觉悟因受摧残而更深。第四，要武装自己！革命需要武装。北伐军胜利的重要条件是武装，革命之失败也是因为缺乏武装。我们以为，青年要去入武（伍）拿枪，这是武装；我们还以

为青年应该能够真正养成吃苦耐劳的习惯，能够过地下的革命生活，能够担任革命所加于他的一切责任！这也是武装！"这是李求实论述的当前的重要工作，也是青年所应尽的责任。他的见解是正确的，正因为党内有这样一批同志，所以在大革命失败后，我党能迅速转入武装斗争和地下斗争，革命的星星之火，终起燎原之势！

1927 年 8 月，团中央迁往上海的组织工作大致就绪，中央调李求实重回广州担任团中央南方局书记，负责恢复两广、闽南、云南的团务工作。李求实到达广州后，和共青团广州市委委员沙文求取得联系，着手恢复组织工作。刚有头绪，沙文求的住所即被破坏，幸而李求实未在室内，而沙文求精通拳术，将警察打倒在地，夺门而出，劫后余生。由于广州白色恐怖严重，李求实和闽南、云南等地的同志联络不上，同时，他的胃病又发作了，不得不住院疗养。

这一时期党的中心工作是土地革命和武装反抗国民党反动派，于 8 月、9 月先后举行了南昌起义、秋收起义。南昌起义以后，起义部队决定向珠江流域撤退，准备以大革命的策源地广州作为根据地，重整旗鼓。为配合南昌起义军进入广东发动各地起义，李求实把武装起义的宣传工作做得更加细致，大力动员广大青年加入起义的行列，建设工农兵政权。9 月下旬，李求实得知

1927年8月，陈修良（中）与姐姐陈逸僧（左一）去上海码头送李求实（右一）赴广州

南昌起义的部队进入潮汕地区，便不顾刚出院的病体，要到汕头去响应南昌起义部队。未及出发，却得到了起义军在潮汕失败的消息。面对敌人的屠杀，李求实提出团组织可以转变工作方式，重点做些文化工作和儿童工作，以保存组织，积蓄力量，以待再起。但是，李求实的主张受到团中央的指责，批评他犯了"右倾机会主义""其结果一定是把团消灭"。11月，团中央召开扩大会议，取消了李求实的中央执行委员会委员资格，给予留团察看半年的处分。在此重要关头，广州起义的工作紧张的筹备着，李求实参与组织宣传队、少年先锋队，准备起义标志、标语，在全市范围内开展起义宣传工作。1927年12月11日广州起义爆发，起

义军一度占领了广州绝大部分地区，成立了苏维埃①政府。由于敌我力量对比悬殊，无力坚守广州，终因敌众我寡，在起义的第三天即告失败，但这次起义也是对国民党反动派屠杀政策的又一次英勇反击。

参加起义的广州工人赤卫队

---

① 苏维埃一词是俄文音译，代表会议的意思。李求实在《少年先锋》1926年第1卷第11期的《"苏维埃"是什么？——答梦霜君》一文中解释，"苏维埃"一词，俄文为 Cobet（英文译为 Soviet），中文通行的译音为"苏维埃"，是工人、赤军、农民三方面的代表共同组织的一种会议。他是苏俄现行的一种政治组织的形式，苏俄国家的最高主权便属于全国苏维埃大会。

广州苏维埃政府旧址

苏维埃政府宣传队队旗

起义失败后，牺牲在第一公园前的烈士遗体

五

文化狂飙巨声隆

LI QIUSHI

五四运动以来，李求实始终以从事实际革命工作的战士形象出现，他虽自幼喜爱文艺，但其强烈的革命斗争实践意识使他的文学活动不能顺畅地延续。直到广州起义失败后，李求实开始了革命文艺战线上的斗争，为左翼文艺运动作出重要的成绩和贡献。

左翼文化

　　李求实作为一名文学工作者，其创作集中在20年代初期和20年代末期，早期倾向于反映下层人民生活的写实作品，表现出他对五四时期进步文学潮流的追随；晚期着重翻译苏俄革命文学作品，介绍世界革命趋势和共产主义运动，为中国革命推波助澜。这也印证了他曾在谈及翻译工作时说过的"一切都要为了大

李求实工作留影

众的需要而努力"的革命信条。

1927年底，广州起义失败后，李求实回到上海，本想到工厂去做工人运动，重新组织工人革命队伍。但事与愿违，当时他的身体很坏，只能先休养身体。在众家姆妈的帮助下，李求实租住在江湾，一面养病，一面翻译苏联文艺作品。这是李求实参加革命后比较安定的时期，也是他编辑、翻译、著述的又一个高峰期。当时白色恐怖严重，李求实又受到错误处分，不为重用。但是他的革命意志并没有消沉，决心"以翻译俄国文学入手，介绍苏联情况，踏踏实实做些工作，以作社会主义的宣传，推进中国普罗文学①的发展"。李求实笔耕不辍，常常废寝忘食，产出量十分惊人。从1928年到1929年，编译了四本著作，一本画传，还有各类小说、译文，以清新的文笔向读者介绍俄国社会的各个方面，创作了许多歌颂革命的读物，这些作品也使他跻身左联作家的行列。

1928年4月，李求实在沪郊完成《俄国农民与革命》书籍的撰写，不幸的是这本书在编辑室和排字房延宕了两年，直到

---

① "普罗文学"亦即"无产阶级"文学，"普罗"是法文 prolétariat，英文 proletariat（普罗列塔利亚）译音的缩写。"普罗文学"是在第二次国内革命战争时期为避免国内反动派注意而采用的译名。指在马克思主义指导下宣传无产阶级革命思想，为无产阶级革命事业服务的文学，主要是由创造社在《创造月刊》上提出来的。

1930 年 3 月才由上海泰东图书局出版。全书共计 13 章，详细介绍了俄国革命前后，当地农民的经济社会生活。他指出"俄国历年的革命，莫不直接地或间接地以农民问题为核心"，"多数党（布尔什维克）的胜利，主要的原因究竟在农民问题的解决"，从而得出"了解农民在俄国革命中的地位，且进而窥测苏维埃俄罗斯的前途"的结论，反映了李求实对农民在社会革命中重要地位的深刻认识。同年 5 月 5 日，李求实在杭州父亲家①译完了由美国工人代表苏俄调查团撰写的《十年来之俄罗斯》，该书于次年 7 月由上海乐山书店出版，不仅有助于中国读者了解苏俄社会，而且还是报告文学这一形式的较早体现。6 月，他翻译的《朵思退夫斯基②——朵思退夫斯基夫人之回想录及日记》由上海北新书局出版。这本书是国内文学界较早介绍陀思妥耶夫斯基的研究文集，其部分章节还曾在鲁迅主编的《语丝》上发表。

1929 年 11 月，李求实编辑的《俄国革命画史》由上海亚洲艺学社发行，这本画册以大量的图文介绍了苏联革命，号召无产

---

① 据李求实妹妹李国楣回忆，"七一五"反革命政变发生后，以汪精卫为首的武汉国民政府公然宣布与共产党决裂，开始进行大规模屠杀，武汉地区大批共产党人和革命群众惨遭杀害。李求实一家无法在武汉安身，其父亲为了工作问题，带着全家人到杭州，依靠姑母的帮助谋生。

② 今译陀思妥耶夫斯基。

李求实翻译的《俄国农民与革命》　　李求实翻译的《十年来之俄罗斯》

李求实翻译的《朵思退夫斯基》　　鲁迅参与编辑的刊物《语丝》,四一二反革命政变后,在鲁迅的领导下,与国民党展开了激烈的文化斗争

阶级和被压迫民族联合起来，建设社会主义苏维埃共和国。在当时没有出版自由的白色恐怖之下，要秘密印刻和藏匿大批铜板均有极大的困难，李求实亲自动手，克服了种种困难，将画册编印出来，而且设法通过敌人沿路的严密检查，发行到工人之中。同期，他翻译的介绍苏俄新生活的长篇报告文学《动荡中的新俄农村》由上海北新书局出版，李求实曾这样介绍该书："本书是一部惊人的新俄农村的写照……文字的优美而有趣味，简直象契诃夫的小说，有使读者非一口气读完不肯掩卷的魔力。"此外，他还翻译了《不幸的预言》《最后一个哈孟雷德》《戈萨克之今昔——漫游高加索地方部落之印象》《吉屋——新俄法庭纪实》等著作，创作了《新年》《清晨》《梦》等文章，分别刊载于《北新》《邮声》《台中》半月刊等杂志上。

时间回溯到第一次大革命失败之际，一大批原来在国民党北伐军内部从事实际工作的革命知识分子被迫离开前线。如沈雁冰、蒋光慈、钱杏邨等由武汉退回上海，郭沫若、潘汉年、阳翰笙等参加南昌起义后退守上海。10月初，鲁迅从广州抵达上海。一些新文化出版机构也相继从北京迁到上海，如北新书局、语丝、现代评论杂志等。政治的翻云覆雨，促进了文学领域的分化，文坛出现了"革命文学""国民文学""普罗列塔利亚文学"等新文学形态，活跃着"新月派""语丝派""鸳鸯蝴蝶派""现代

李求实编辑的《俄国革命画史》

李求实翻译的《动荡中的新俄农村》

1929年12月6日《上海报》宣传李
求实编译的《俄国革命画史》

李求实画传

评论派"等诸多派别。其中，以郭沫若为首的创造社和以蒋光慈为首的太阳社积极酝酿倡导无产阶级的革命文学运动，提出了无产阶级革命文学的口号，给处于苦闷彷徨的青年带来了新的希望。

革命文学的生力军，是以冯乃超、朱镜我、彭康等为主的日本留学生。他们认为"文艺是革命的前驱""文学即宣传""文学是阶级斗争的工具"，他们在要求文艺与政治联姻的同时，却首

1928 年李求实在《北新》第 2 卷第 14 期杂志上发表的《不幸的预言》

先把五四以来的新文学家鲁迅等人看作是应该打倒的"阿Q式的过时的人物"，以《文化批判》《太阳月刊》《流沙》《戈壁》等杂志为阵地对鲁迅展开批判。这些观点在上海进步文艺界引起了剧烈的论争。鲁迅在肯定"革命文学"口号合理性的同时，指出了他们对工农大众和小资产阶级作家不正确的态度和片面性看法，认为他们颠倒了革命与文艺的关系。对于这一场关于革命文学的论战，李求实虽然没有发表探讨革命文学的专论，但在他的文学作品的序、跋、编后等文字中也表现了对革命文学的思考。他较早地提出文学为革命实践服务、为大众服务的主张，这些看

鲁迅

法同样带有无产阶级革命文学理论中的某些片面性质。但是，李求实以其政治家的成熟，对中国革命性质的理解，认识到包括鲁迅在内的一大批五四新文学作家作品的价值意义。李求实更多的是从统一战线的高度来看待这场论争，认为对鲁迅的围攻是"过火"了，为此与好些同志展开了辩论，指出鲁迅是左翼文学的一面旗帜，不应对鲁迅采取攻击的态度，双方应当团结一致，共同前进。

实际上，论争一开始，中共临时中央常委周恩来就发现了上海进步文化阵营出现了裂痕，并把党有关停止争论的指示传达给郭沫若。但当时正是工农红军在闽赣粤一带战事紧张的时候，也是中央同"托陈取消派 ①"斗争最剧烈的时刻，因此，文艺问题没有排上党的主要议事日程。到 1928 年 7 月，中共六大召开后，党中央发现问题的严重性，决定停止这场文化界的内部争论。当然，也正是这场革命文学争论使党发现了一种在鲁迅与创造社、太阳社之间构成统一文学团体的可能性，并及时地派人协调，使鲁迅同意成立一个共同的组织。同时，还要采取有效方法加强对进步文化战线的领导。1929 年 6 月，中共六届二中全会作出成立中央文化工作委员会（简称中央文委）的决定。9 月，中央宣传

---

① 托陈取消派是托洛茨基主义同陈独秀右倾机会主义错误在大革命失败后的复杂形势下的合流。

部直属的中央文委正式成立，统一领导文化方面的工作。潘汉年为书记，着手筹办左翼作家联盟，以期将进步的革命文学者集合到左联的旗帜下。

1930年3月2日下午二时，中国共产党领导的第一个革命文学组织——中国左翼作家联盟，在上海窦乐安路233号（今多伦路201弄2号）中华艺术大学举行成立大会。时任团中央负责人李求实出席成立大会，在会上见到了鲁迅，并聆听了他题为《对于左翼作家联盟的意见》的著名演说。后因保密的需要，没有对外发表他的名字。左联成立后不久，就在先施公司附近的贵州路建立了一个秘密机关，那时左联的工作主要是放在飞行集会、散发传单、贴标语等事情上面，后来又相继成立左翼社会科学家联盟、左翼戏剧家联盟和左翼美术家联盟等组织，在严重的白色恐怖下，宣传马列主义思想，扩大共产党的影响。李求实在左联成立后做了很多工作，特别是在动员左翼作家深入工厂农村、建立工农通讯网方面。当时李求实正在主编《上海报》，该报的工农兵通讯活动十分活跃，有一支不小的工农兵通讯员队伍。联系工农通讯员，也是左联的一项重要工作内容，李求实和柔石、胡也频都是左联工农兵通讯委员会的成员，为左翼文艺大众化和培养工农兵通讯员及工农作家工作作出了很大的贡献。

中华艺术大学旧址，今中国
左翼作家联盟会址纪念馆

對于左翼作家聯盟的意見

———在左翼作家聯盟成立大會上的演說———

鲁迅講　　王黎民記

有許多事情，有人在先已經講得很詳細了，我不必再說。我以爲在現在，"左翼"作家是很容易成爲"右翼"作家的。爲什麼呢？第一，倘若不和實際的社會鬪爭接觸，單關在玻璃窗內做文章，研究問題，那是無論怎樣的激烈，"左"，都是容易辦到的；然而一碰到實際，便即刻要撞碎了。關在房子裏，最容易高談澈底的主義，然而也最容易"右傾"。西洋的叫做"Salon 的社會主義者"，便是指這而言。"Salon"是客廳的

1931年《萌芽月刊》第
1卷第4期刊载的鲁迅
在左联成立大会上的讲
话《对于左翼作家联盟
的意见》

这期间，文学青年马宁曾为《红旗日报》撰写闽西苏区见闻《苏维埃随笔》。由于患病，稿件就中断了。李求实特意在《红旗日报》的夹缝登出启事，希望作者继续写完。在马宁到上海后，李求实通过左联作家冯铿介绍，马上登门拜访，并邀请他参加法南区的工农通讯小组。他告诉马宁："写工农通讯是很重要的革命工作。每一个作家应该深入工农群众当中，熟悉他们的生活，他们的希望，他们的爱憎。每一个作家要学会写工农所关心的问题，写他们爱读、读得懂的文字；但这决不是一件容易的事。可是，这却是基础。有了这个基础，上天可摘星星，下海能捉大鲸，便可达到'笔若游龙，无施不可'的地步。"五十多年后，马宁回忆这次谈话的情况时，仍然感慨地说："李求实给我的第一个印象是他从不随便讲话，但他的话一出口，却有分量。他像个金石匠，惯于把他的讲话，凿在听者的心扉上。这就叫我敬而爱之。"又说："李求实风度像个长者，口气很坚定，可也没有丝毫使人感到他是装腔作势吓人的。听了他的话叫你耳朵发热，心里痒。看他外表真像一位农村小学教师。跟他说话，也就不很拘束。""而李求实讲完话，却总要等你的反应，我的性格是有话必讲，讲必尽兴，然而李求实一点没有厌烦的意思。"马宁在李求实的指导和鼓励下，后来深入基层创作工农小说。柔石后来读到马宁的小说后，认为故事动人，写得很好，便致信李求实，要他转告马宁，希望他能多写几篇，同时也指出马宁作品存在的不足。从李求实、冯铿、柔石对文学青年马宁关怀的个案中可以看出，他们在培养工农作家工作中的用心良苦。

针对党内许多同志对文艺工作不够重视的情况，1929年，李求实和广东东江参加起义的红军陈同生（陈农菲）曾有过一场谈话，李求实这样说道："对于文艺这个武器，我们好象秀才用枪一样不灵。我们必须要学会既能用枪又能用笔，我们才配称为有共产主义思想的文武全材的革命家。不然革命的胜利无法取得，其它一切更说不上了。"他还说，"学会使用文艺这武器，非常重要。我近一二年有很深的体会。一篇思想正确内容丰富的能鼓舞人心的文艺作品，其作用往往在一篇普通的论文之上"。并希望陈农菲回到红军后，能更多注意文艺战线上的活动，让武装斗争战线上的勇士，也能成为革命文化战线上的尖兵。

编辑日报

大革命失败后，国民党逐步建立起以中央通讯社、《中央日报》、中央广播电台为代表的为反革命事业服务的新闻网，并在国统区大搞新闻出版的垄断，颁布《审查刊物条例》《暂行反革命治罪法》《出版条例原则》《宣传品审查条例》《取缔各种匿名出版物令》等一系列钳制言论出版自由的法令，规定凡是违背要求的均是违法，必须"查禁查封或究办之"。中国共产党的新闻事业遭到极大的摧残，在大革命时期建立起来的革命报刊体系，几乎被摧残殆尽。

1928年夏，组织上撤销了对李求实的处分，他再度出任团中央宣传部长，同时在党中央宣传部和中央党报委员会工作。为反击国民党的文化围剿，满足群众斗争发展的需求，李求实着手筹办面向群众发行的日报，这是继《热血日报》以后的又一个日报。为了掩护工作，组织安排他和秦怡君结婚。秦怡君湖北黄陂人，是烈士许白昊的遗孀。许白昊牺牲后，她在北四川路阿瑞里福民医院当护士，以公开身份掩护革命工作。1928年12月，李求实夫妇搬到海宁路宝兴里，和谢觉哉合住，谢老佯称是他的叔父。这里实际上是日报的机关。李求实任主编，谢觉哉是编辑，秦怡君是交通员。到1929年7月，李求实的儿子李齐泰出生，也为紧张的生活平添了不少乐趣。1950年，谢觉哉得知李齐泰已经成为空军驾驶员，曾高兴地给秦怡君复信说："自然他无从知道二十年前曾经抱过他的老头子。"

1929年4月17日，日报以《白话日报》为名称发行第一期。由于李求实等人缺乏办日报的经验，没有与印刷店签订合同，被几个商人玩弄于股掌之上，导致第二期被压搁，直至第三天与印局签订合同，才得以继续出版。后来，《白话日报》在市面上有了风声，印局以拒绝承印为由，妄想干涉报纸内容。被逼无奈之

李求实的儿子，李齐泰

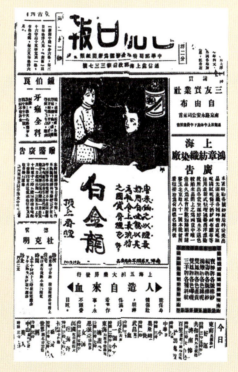

《白话日报》第22号

下，李求实等人只好另换报名并寻找其他印局。同年 5 月 19 日，《白话日报》更名为《上海报》，李求实化名"老元"在创刊号上发表《请看起码货》，文章强调"与专给大人先生看的其他报纸不同，《上海报》是准备给起码社会中的朋友看的，他们是长篇大作，我们是简短俗话。他们的身价很贵，每月起码一元几角，我每月只要两毛钱。他们只说大人先生要说的话，我是想说起码社会中的朋友要说的话，总之，他们只是大人先生的喉舌，我是想做起码社会中朋友的朋友！"然而，顺利刊印两星期后，《上海报》惨遭查封，印局也被没收，印局老板也遭逮捕判刑。李求实等人只能再次紧急寻找其他印局印刷，在出版了十余期特刊之后，才又与一家印局正式签订合同，改名《天声》（出了两天），《晨光》（出了三天），再改名《沪江日报》，出版了两月余；不久该印局又被发现，只得另寻门路。7 月初，又与一家印局合作，改名《海上日报》，11 月 12 日又恢复《上海报》的名称。该报创刊不到一年，为躲避国民党的迫害，曾多次更名，变换出版地址，可以说是进行着"游击战"的报纸。

《上海报》出版之初，是完全公开发行的，最大缺点是不能普及到各工人区域中。最初，李求实等人在各区设立分发行处，雇专人在各厂门口叫卖；但因经理人缺乏经验，除沪东沪西两区外，销量很低。公开发行遇到了大障碍，李求实便决心建立自己

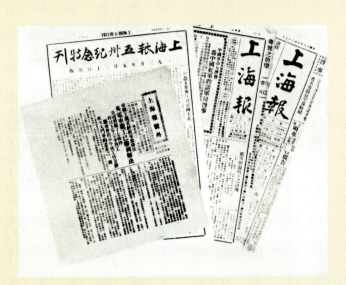

李求实创办的《上海报》

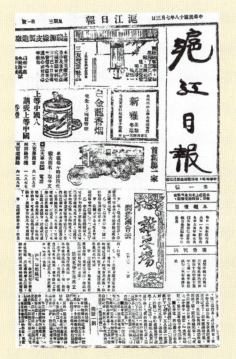

1929 年 7 月 3 日《沪江日报》第一号

1929 年 7 月 29 日《海上日报》第二十四号

的发行网，着手征求订户，发展通讯员，而以街上公开发行为辅助。到1929年12月间，《上海报》在上海地区发展了62名通讯员，其中工厂通讯员53人；农民通讯员1人；学校通讯员8人。为了更好地培训工农通讯员，李求实派出干部负责和各区的通讯员联系，建立起相对坚固的通讯网和发行网。但报纸的发售过程也充满了危险，自从转为秘密发行近一年以来，送报人及特派员先后被捕的约10人，被判最重的为8年徒刑，少的也有数月，在狱中要遭受各种酷刑；此外，因贩卖本报而被捕被罚的小报贩先后有80人以上，最多的罚款30元，监禁两星期，少则罚款5元，拘禁5天。后来，更残酷了，一经发现有人售卖《上海报》，反动派即进行毒打，打得头破血流，有的甚至奄奄一息，其情形惨不忍睹。正如李求实在回顾本报工作时所说："本报一年来实在是在火线上与敌人肉搏，这决没有丝毫虚伪的！"

《上海报》以工人大众为主要读者对象，具有明确的与工人运动紧密结合、直接发展工人通讯员、在工厂区组织发行网等一系列的编辑与发行工作方针，能够迅速反映上海工人阶级的生活和斗争情况。除了刊载上海工人运动的情况外，《上海报》还以大量的篇幅报道了全国各革命根据地的发展，红军运动的情况，苏联工人生活及社会主义建设情况以及各国革命运动的消息等，使生活在白色恐怖下的读者鲜明地、亲切地感受到自己绝不是孤军奋战，从而获得巨大的鼓舞与力量。为增加内容的丰富性，李求实等编辑还在副刊上刊登通俗文艺作品。从《白话日报》时期的"小白话"到《上海报》之初的"余味"，从《沪江日报》时期的"杂耍场"到《上海报》后期的"海上俱乐部"，都登载了大量的小说、漫画、歌曲、笑话等，极大地增强了报纸的趣味性。正因为《上海报》对当时工人斗争的亲切关怀以及对工人运动的策略指导，使它在工人群众中获得了越来越高的信仰。发行期间也积累了许多订户，其中工人占 35%，学生占 25%，店员占20%，其他一般市民等占 10%。报纸的日销售量每期达数千份，1929 年纪念五卅活动中，甚至出现 5 小时售出 8000 份的记录，销售盛况前所未有。

李求实深知各工厂、学校的通讯员，因深入工农群众中，能够更好地反映工农生活，因而积极面向他们征稿。他曾就该项工作这样说道："我们所拟议的是建立真正的采访网，且必须在几个条件之下才有可能：第一，通信员自己能写新闻，至少能写几条简单的事实；第二，每一区有几处集中的地方便于通信员的集中；第三，通信员中有几个能够担负过去特派员所担负的责任——代问新闻，代写新闻等等；第四，特别需要的是，通信员对于自己责任之热忱，肯自动地迅速地送稿到附近的收稿处去。"李求实也经常和通讯员一起斗争到第一线，一边参与游行示威，一边采访，在队伍中跑前跑后。当时租界的英国人雇佣印度人巡捕，他们骑着高头大马，挥舞皮鞭驱赶游行队伍。曾一鞭子抽到李求实后背，他因醉心工作，竟未成发觉，回到家里才发现鞭痕，遂有感而发，马上写了一篇报道《一条鞭痕》①。

《上海报》编辑部在《本报周岁感言》一文中曾这样说道："从本报第一天起，我们在排字房、印机间、制版所、编辑室以及黑夜里酷暑逼人或冰寒雪冷的马路上，头昏、手痛、饥饿、疲倦、失眠，这是够多么苦，可是我们有几千劳苦的工友们，革命的同志们，每天以同情的微笑增添我们的兴趣，以革命斗争的热血，鼓励我们的勇气。我们虽然苦，然而有多少艺术性的壮美的安慰。"这正是李求实等编辑人员的工作写照。李求实作为主编，常常自己写社论、采访、拍照，其间不断地反思如何将《上海报》创办得更好，在国民党的一次次打压下，领导着《上海报》在夹缝中生存。他也曾感慨在过去的一年里，犯了许多错误，但《上海报》也取得了一定成绩。

---

① 中共湖北省委党史资料征集编研委员会、湖北省中共党史人物研究会编：《李求实文集》，中央文史出版社 1991 年版。《李求实文集》中通过访问罗章龙认为此报道名为《一条鞭痕》，《金镇志》中有关此报道的介绍，认为该文名为《我们的伤痕与血痕》。因报刊资料有限，本书暂采用《一条鞭痕》。

上海报《周年纪念册》封面　　　　　李求实在上海报《周年纪念册》中撰写的《本报一年工作之回顾》

　　1930年8月15日，中共中央决定将《上海报》与《红旗》三日刊合并为《红旗日报》，为中国共产党中央委员会的机关日报。李求实参加该刊的编辑工作。同时他还协助全国总工会创办《工人日报》。10月30日，《红旗日报》增设独立的副刊《实话》，每五天出一期，随《红旗日报》发行，李求实任主编。他在《实话》创刊号上指出："本刊所负的使命是满足革命群众中的先进分子，以及党的干部的需要，进一步讨论革命策略，更深刻研究与认识党的路线。"

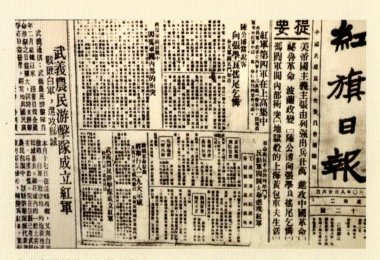

李求实编辑的《红旗日报》

李求实主编的《实话》(《红旗日报》
副刊）第一号

　　　　　　　　　　　　　　　　李求实画传

山雨欲来风满楼

LI QIUSHI

1927年大革命失败后，中国共产党独立高举革命旗帜，领导中国人民的反帝反封建斗争进入土地革命战争时期。党创建发展了红军和农村革命根据地，逐步开辟了农村包围城市、武装夺取政权的道路。在这期间，由于党的领导机关犯了"左"倾教条主义等错误，革命事业遭受重大挫折。李求实、林育南、何孟雄等一批革命者，为捍卫真理、捍卫党的事业和党的生命进行了不屈不挠的斗争。

苏准会

经过南昌起义、秋收起义、广州起义，以及在各地举行的一系列起义，革命形势依然处于低潮，一些地区盲目暴动带来的惨痛损失，使中共中央冷静下来重新考虑问题。因此，尽快召开一次新的党的全国代表大会刻不容缓。由于国内白色恐怖非常严重，1928年6月18日至7月11日，党的六大在莫斯科近郊五一村召开。大会明确指出党的总路线是争取群众，党的中心工作不是千方百计地组织暴动，而是做艰苦的群众工作，积蓄力量。目前"最主要的危险倾向就是盲动主义和命令主义，他们都是使党脱离群众的"。六大以后的两年，全党贯彻执行六大路线，恢复和重建党的组织，领导开展群众斗争，中国革命出现走向恢复和发展的局面。

位于俄罗斯莫斯科的中国共产党第六次全国代表大会旧址

　　客观形势的发展，使建立一个全国性的中华苏维埃中央政府的使命愈加迫切。在共产国际下达了关于革命运动向新的苏维埃运动过渡的指示精神下，1930 年 5 月 20 日，中共中央政治局在上海秘密召开全国苏维埃区域代表大会。会议议定将组建全国苏维埃代表大会中央准备委员会（简称苏准会），负责在苏区召开的全国苏维埃代表大会的筹备工作。李求实担任苏准会上海办事处负责人，与苏准会秘书长林育南等着手筹备中华苏维埃第一次全国代表大会。同时，李求实还推荐了左联作家柔石、冯铿等担任秘书处工作人员。

　　苏准会的秘密机关在愚园路庆云里 31 号一幢三层石库门内，

全国苏维埃区域代表大会会址（原派克路，今黄河路长江　苏准会秘书处机关旧址（原愚园路庆云里31
剧院隔壁）　　　　　　　　　　　　　　　　　　号，今愚园路259弄15号）

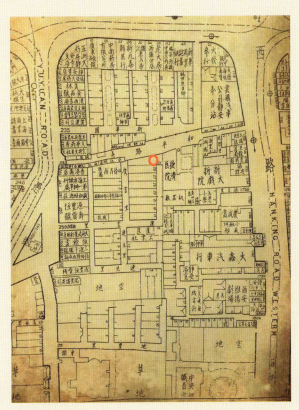

苏准会秘密机关位置图

由林育南出面租赁。为掩人耳目，这栋房子装饰得十分气派，李求实和同志们经常在这里搞一些"谈生意""贺寿"的公开活动，以麻痹敌人。苏准会的重要工作是起草建立中华苏维埃共和国所需的宪法大纲和各项法令、中华苏维埃全国代表大会代表选举条例等文件，李求实和林育南等同志在苏准会机关夜以继日地忙碌着，从内容到形式，从总则到各个条款，字斟句酌、反复修改，为文件的起草工作倾注了大量的心血。六届中央委员张金宝在她的晚年回忆录中特别说到"林育南把一批左翼作家（李求实、柔石、殷夫、胡也频等）起草的《宪法草案》念给我们听，征求我们的意见"。此外，周恩来、瞿秋白等中央领导人也经常过来和同志们一起认真讨论、反复推敲。经过李求实、林育南、李平心、胡毓秀、彭砚耕等人两个多月的紧张工作，《中华苏维埃共和国宪法大纲》《中华苏维埃共和国劳动法》《中华苏维埃共和国土地法令》等法律文件都已成型。1931年11月7日，中华苏维埃第一次全国代表大会（简称"一苏大"）在瑞金叶坪隆重开幕，这些文件在会议上审议通过，在苏维埃政权的建设中乃至新中国成立后进行各方面的立法工作都发挥了重要作用。"一苏大"的胜利召开，宣告了中华苏维埃共和国成立，是中国共产党建立的第一个全国政权，为1949年10月1日中华人民共和国的建立和国家建设作出了有益的探索。

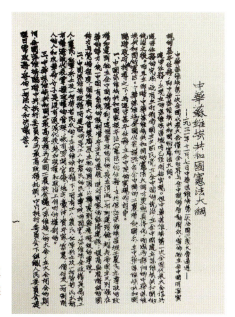

1931年11月7日中华苏维埃第一次全国代表大会通过的《中华苏维埃共和国宪法大纲》

　　为使苏维埃代表大会及建立全国苏维埃政权的宣传扩大到群众中去，李求实在起草文件的同时，也经常深入基层，指导各工厂建立各级准备委员会和选举出席全国苏维埃代表大会的代表等工作。针对各下级组织筹备工作中所遇到的重大问题，他认真调查研究，区分不同情况，在制定各项政策方面发挥了重要作用。同时，他还在《红旗日报》编辑有关苏维埃区域的政治、经济、军事、文化、教育等方面的新闻报道，讴歌党领导的红军战争和土地革命的胜利。诸如《苏维埃代表大会中央准备临时常委会报告》《苏维埃代表大会中央准备临时常委会报告——召集苏大会的缘起》《论召集全国苏维埃大会的运动》《加紧准备全国苏维埃代表大会的工作——中共中央通告》《为苏维埃第一次全国代表大会告民众书》等文章，全面地阐述和宣传为什么要建立全国苏维埃政权、全国苏维埃政权的性质是什么、怎样建立全国苏维埃政权、怎样筹备苏维埃第一次全国代表大会等群众普遍关心和亟待了解的问题。明确地指出："自红色五月全国苏维埃区域代表大会以后，中国的革命显然已经走到一个历史的新阶段。革命势力的汇合与深入，证实了苏区大会分析估计的恰当和决定的战略与策略的正确……在这样如火如荼的革命势力之下，建立全国工农兵贫民苏维埃政权就成为全国革命群众最迫切的要求和中国革命最紧急的任务了。"并号召："各城市，各农村，各工厂，各店铺，各营盘，各铁路的工人，农民，兵士，红军士兵，妇女，青年，城市贫民们！请把苏维埃代表大会的消息散布出去，召集会议举行示威，派代表来参加大会，把你们的一切决议，一切要求带来。"

由于工作的紧张，生活的艰苦，李求实的健康状况比以前更坏了。同志们劝他适当休息一些日子，他说："现在是我们同敌人作生死斗争的时候，我们休息一分钟，即等于饶恕敌人一分钟；让他们多活一分钟，即等于让民众多受一分钟的罪。这对革命事业会带来多大的损失！""一切为了战斗！只有战斗胜利我们才有一切！"这是李求实经常告诫同志们的话。

勇于斗争

经过大革命失败后两年多的艰苦努力，中国革命的形势和党的六大时相比，有了明显好转。然而，当革命形势刚刚好转时，1930 年夏，"左"倾急性病在党内又逐渐发展起来。1929 年间，共产国际先后向中共中央发来四封指示信。这些指示信的精神都含有"左"倾的错误主张，特别是在 10 月 26 日的信中，认定"中国进到了深刻的全国危机的时期"，"现在已经可以并且应当准备群众，去实行革命的推翻地主资产阶级联盟的政权，而建立苏维埃形式的工农独裁"。1930 年 2 月 26 日，中共中央发出第七十号通告，提出要执行集中力量积极进攻的策略，各地要组织工人政治罢工、武装暴动和兵变，并集中红军进攻中心城市。在共产国际的错误指导下，党内"左"倾错误急剧升温。这时，周恩来已去莫斯科向共产国际报告工作，实际主持工作的是政治局常委兼宣传部部长李立三。6 月 11 日，中共中央政治局召开会议，通过了由李立三起草的《日前政治任务的决议》(即《新的革命高潮与一省或几省首先胜利》)，李立三"左"倾冒险错误在中共中央取得了统治地位。该错误在党内统治的时间虽然只有三个多月

《红旗》刊登的《新的革命高潮与一省或几省首先胜利》的决议

（1930 年 6 月至 9 月），但使党付出了惨痛的代价。

李立三"左"倾冒险错误在其形成和推行的过程中，曾受到党内一些做实际工作的干部的批评和抵制。李求实作为苏准会上海办事处的负责人，负责各方面同志的联系，因而了解大量情况，深知"左"倾冒险错误在实际工作中造成的危害，以及基层同志的不满。在 1930 年 3 月到 7 月间，为了要"饮马长江"、促发"全国总暴动"，中央取消了党团组织，各方人事也有了很大调动。文化方面除了建成了"文总"①领导下的各个联盟和不断地参加

---

① 1930 年 5 月，"红五月"行动之后，中央决定组织一个"左翼文化总同盟"（简称"文总"），作为"左联""社联""剧联""美联"的联合机构，由于各盟性质上是党与非党的联合组织，所以"文总"相当于现在的"文联"的群众团体。

飞行集会、游行示威，实际工作做得很少，而且在历次飞行集会中不少干部被捕，组织受到很大损失。如一次在南京路飞行集会，闸北区委负责人布置了一二百人去"占领"山东路附近的一个"慈善"机关（这是商会办的一间冬季对贫民施粥的院子），结果二十余人被捕。据时任左联主席团执行委员、共产党员夏衍回忆："我侥幸脱险后，在外滩碰到李求实，他很气愤地对我说'这样就等于把同志们主动地送进巡捕房。'"当时，针对党内党外对这种"左"倾错误的怀疑和不满，李求实和恽代英、林育南、何孟雄等同志经常一起研究党的路线、方针、政策，商议如何制止错误，以减少损失。李求实深刻地认识到革命仍处于低潮，我党应利用合法的形式进行斗争，积蓄力量。但是这种正确的主张却被扣上右倾的帽子，在党内受到压制。1930年9月24日，周恩来、瞿秋白由苏联回国，在上海主持召开中共六届三中全会，会议停止了"左"倾冒险主义错误，恢复了各级党团、工会组织，这无疑是正确的。不足之处是没能在思想上理论上彻底清理李立三等人的"左"倾错误，并错误地批评了曾经正确反对李立三错误的何孟雄、李求实等人。

1930年10月，共产国际致信中共中央，对李立三提出了措辞严厉的批评，认为"立三同志的方针有反马克思主义的实质"，因为他"并不是从对于客观状态的分析出发的，并不是从对于斗

1930 年 10 月，中国左翼文化界总同盟在上海成立（简称文总），这是中国共产党领导的广泛联合进步文化力量、开展新文化运动、反击国民党文化围剿的总指挥部。这是《红旗日报》有关文总召开成立准备会的报道

1930 年 5 月 1 日，为纪念五一国际劳动节，上海工人、学生在南京路上举行飞行集会

参加庆祝五一国际劳动节示威游行的工人、学生遭到逮捕

争力量对比的分析出发的……他所做的错误，并不是个别的错误，他创造了许多错误观点的整个系统，定下反对马克思列宁主义的方针"。但对于中国革命问题看法的基调同样是"左"的。

以王明 ① 为代表的教条主义者预先知道共产国际向中共中央发出信件的消息及其内容之后，趁机打起"反调和主义"的旗号，猛烈攻击六届三中全会后的党中央，破坏党内的团结。王明在中山大学的求学经历令他自信满满，自诩为"百分之百的布尔

---

① 王明，原名陈绍禹，安徽六安人。

什维克"，看不起在国内从事实际斗争的同志，认为他们不懂理论。同时，王明自知自己资历浅，在党内没有群众基础，想联合李求实、何孟雄、林育南这批对立三路线有意见的老干部，以借助他们的力量，达到自己不可告人的目的。但李求实深知王明别有用心，是"挂羊头，卖狗肉"。1930年1月，王明出席上海工联会议时，意外被捕。他严重违反保密规定，乞求工部局的巡捕到中宣部秘密机关报信请求营救，并许诺这个巡捕将来会得到酬谢。巡捕撞进机关正好碰上李求实，他沉着应付，将不明所以的巡捕打发走了，又急忙通知王明知道的所有机关立即在一天内搬家。据当时在中宣部资料科工作的邵珍回忆："我把一般的文件全烧了，整整烧了一个晚上。"李求实等人的拒绝合作，因而成为王明上台后第一批打击、排斥的对象。

1930年底，共产国际代表米夫来到上海。王明在留苏时期是米夫的得意门生，在米夫到上海后，王明气焰更盛，在党内散布比立三路线更"左"、更系统、更理论化的错误观点。12月25日，在米夫的干预和支持下，中共中央改组江南省委①，任命王明为江南省委书记。为了扫清掌权的障碍，王明把矛头对准了李求实、何孟雄、林育南等同志，斥责他们是"右倾""极端民主化""取

① 中共六届三中全会后，江苏省委改为江南省委，辖上海和江苏、浙江、安徽三省。

消派的暗探"等。1931年1月7日，李求实、冯铿、彭砚耕、胡毓秀等苏准会办事处工作人员召开会议，并通过了一个决议案。决议案明确指出"立三路线的历史根源是八七会议以前的右倾机会主义和八七会议后的'左'倾盲动主义，而出发点是'左'倾"，"我们要严厉地指出中央和江南省委负责同志陈绍禹（即王明）等对最近下级党部反立三路线、调和主义的开始发动，抱着恐惧的态度，甚至有意或无意的造谣污蔑"。这是李求实等人基于对中国国情的了解，对革命形势的分析和对中国革命道路的认识而提出的，在"左"倾错误在党内占统治地位的情况下，需要很大的勇气和胆识。

巧合的是这一天，米夫一手策划的中共六届四中全会也在上海秘密举行。此次会议的召开，不仅在程序上严重违反了党的民主集中制原则，而且使以王明为代表的"左"倾教条主义在中共中央占据了统治地位。会后，林育南、何孟雄、李求实等工会干部和江苏省委负责人开会，反对六届四中全会的选举，并向党内发表了《告同志书》，揭露王明破坏党的纪律、破坏党内民主的行径和篡党夺权的阴谋。不久，共产国际为阻止党的分裂，邀请反对者开会以消除分歧，据罗章龙回忆，会议在上海英租界静安寺路一所房子（中共一个重要机关所在地）的花园里召开，李求实、陈郁、林育南等苏准会，全国总工会，江苏省委各单位几十位同志参加。在会上，国际代表轮流发言，指出"当前中共党内主要问题是右倾"，"对国际应绝对服从，国际指示是绝对正确的，四中全会是体现国际正确路线的"，"王明虽然犯过组织纪律错误，但他们是真正的布尔什维克，政治上很正确，中国革命离开他们是不行的"。但李求实等人并未屈服，"要求国际代表以中国革命为重，对四中全会决议收回成命，定期召开七大或紧急会议"。最后，国际代表态度强硬地宣称："你们反对国际路线，反对四中全会就是反党、反国际"。这种严厉的批评和威胁，更增加了同志们的不满，会议最终不欢而散。为了使革命继续向前推进，李求实在极其恶劣的环境下，继续坚持斗争。他主编了一个内部刊物《国际路线》，并筹建"文化革命联合会"的组织。"文化革命联合会"的负责人是李求实和谭寿林，李求实还撰写了联合会的纲领，内容是如何发动文化战线的工作者，对内反对王明集团及其错误路线，对外反对蒋介石、国民党。王明则凭借手中的权力，大搞宗派主义，对林育南、何孟雄、李求实实行残酷斗争，无情打击。他不仅将他们统统打成"右派"，还扬言要开除他们的党籍。

壮烈牺牲

由于过度的思虑，李求实神经衰弱症日益严重。1月中旬，他送妻子秦怡君回杭州父亲家中待产，家人见他身体消瘦，气色

李求实被捕的东方旅社旧址
（今汉口路 613 号）

不好，劝他在家中多住几日。在南京教育部任职的表兄戴应观也
趁机相劝，表示可以推荐他到大学当教授，都被他——拒绝了。
李求实一心惦记着革命，想在党内危急的时候多做些工作，挽救
时局。只在家里住了一夜，就匆匆赶回上海。

　　1 月 17 日，林育南、胡也频、柔石等同志在东方旅社开会，
商讨抵制王明"左"倾教条主义错误的对策。会议开到下午，数
十名巡捕一拥而入，将毫无防备的林育南等人抓住。李求实不知

道东方旅社已经出事，按着约定来到苏准会的机关，见到居住于此的林育南夫人李林贞、李平心夫人胡毓秀，她们告诉李求实，"林育南一夜未归，彭砚耕同样失联，很反常"。李求实不顾劝阻赶到东方旅社，随即被化装守候的几名密探当场抓捕。在五天之内，国民党上海市公安局会同公共租界的工部局在东方旅社、中山旅社、华德路沪新小学等十余处拘捕了何孟雄、李求实、林育南、龙大道、柔石、胡也频等30余人。李求实等人先被羁押在老闸、汇山和戈登路巡捕房，19日上午被押解到北浙江路国民党江苏高等法院第二分院刑庭。

据档案记载，工部局律师甘镜光说："本案是公安局请求移提的，本月十七日下午一时四十分，公安局来员会同捕房、探捕到东方旅店三十一号房将第一至第七号被告拘获。该案被告人顺序是：（1）李云卿、（2）赵少雄（柔石）、（3）李少堂（林育南）、（4）徐英（殷夫）、（5）蒋文翰（胡也频）、（6）冯梅岭（冯铿）、（7）刘后春（彭砚耕）。后来派员守候，嗣又续获第八至第十号被告"［注：（8）孙玉法（罗石冰）、（9）王子官（王青士）、（10）李伟森（李求实）］。

江苏高等法院第二分院刑庭一九三一年一月十九日《审判笔录》曾记录了李求实的供词：

"姓名？"

"李伟森。"

"年龄？"

"28 岁。"

"籍贯？"

"湖北。"

"职业？"

"译员。"

"地址？"

"没有。我十七日由鄂抵沪，预备到北新书局拿稿费，他们欠我有一百多元稿费未给，现在因我女人快生产了，所以来取。十八日早上去得太早，书局没有开门，就到新东方旅社三十一号找同事同学李长寿君，跑到五马路新东方旅社三十一号没找到，又到三马路东方旅社三十一号房间去，我一看名字不对，隔壁有人来问我，就把我捉住了。我十三号收到北新书局叫我来拿稿费的信，现在没带到身上。"

李求实的回答没有破绽，从他的身上搜出大洋一元、眼镜一副、皮夹一只、铜表一只、刀一把、匙八个、香烟一盒，也没有任何可疑的东西。然而，敌人早已接到密报，十七日、十八日共

产党有重要会议。这次审讯只不过是一种形式，判决书早已拟定好了，法官当庭宣读："被告等犯共产党之嫌疑及疑与共产党有关系，华界公安局请求上海特区法院将伊等移交，谕知准予移提。"

　　1月23日，李求实等三十余名同志被押解到龙华国民党淞沪警备区司令部看守所囚禁。这一事件，被捕人数之多，涉及面之广，是自1929年彭湃、杨殷等五烈士被杀后的最大的一起共产党案件，敌人欣喜若狂。一面向南京方面邀功请赏；一面使用挑拨离间的手段，伪装善心好意，妄图进行所谓的"感化"工作。李求实等人虽然受到党内"左"倾教条主义的残酷斗争和无情打击，但是他们对党没有丝毫抱怨的情绪，在狱中仍关心党和革命的命运，主动与狱中的党支部联系，争取编入组织。李求实还为狱中难友开办识字班，宣传革命真理，并和关在一条弄堂的林育南、何孟雄等同志联名给中央写了一份报告，申诉意见，详细汇报了他们的被捕经过和狱中斗争情况。在一次审讯中，李求实针对敌人的利诱劝降，正气凛然地痛斥："禽兽！闭住你们的臭嘴！共产党人不像你们这些贪生怕死的废料，共产党员都是经过千锤百炼用纯钢打成的人。我们的良心和灵魂，永远属于自己和自己的党，永远不会出卖的。"当敌人以死威胁，他轻蔑地说："你们应当知道，中国人民你们斩不尽，杀不绝！全世界的无产阶级和共产党员你们更无法斩尽杀绝！你们要当心的，倒是你们这一小撮衣冠禽兽的末日快要来了，你们受民众最后审判的日子越来越近了！"敌人立即露出凶残的面孔，对李求实等人采用酷刑，给他们的双脚铐上沉重的铁镣，作为要案处理，还宣布不准保释，不准会见亲属。秦怡君当时已快临产，得知李求实被捕，立马从杭州赶到上海，在龙华监狱门外凛冽的寒风中煎熬了三天，最后是周恩来夫妇发现后立即安排她到医院生产，不几天就生下了一名女孩，不幸的是这个孩子不到六岁就夭折了。

经过22天的斗争，当局面对李求实等人的不屈只能无功而返。2月7日晚，狱中照例点名时，出现了异常情形：看守所所长来了，还带来了十几个宪兵，每人拿着手电筒，点一个名字，就用手电照一下脸，气氛很紧张。点完名，大家去睡觉，刚睡下不久，狱中夹弄传来一阵阵脚步声，宪兵依次提人，令他们成单行走，谎称是解往南京。据当时同牢者黄芝冈曾这样追忆看守告诉他的敌人屠杀这批革命烈士的情形："把他们解出弄堂，叫他们成单行走，假称是解往南京。等他们走到桥边，法官便在桥头上安放一张茶几，将茶几上的照片，对好了每个人的面貌，便向他们宣告死刑。他们随即被押送到空地，分成两排站立，墙对面的一带房屋有很多窗子，排枪隐在窗子里。行刑队随即射出了密集的子弹，伴随着'打倒国民党''打倒蒋介石''中国共产党万岁'的口号声，他们便英勇地倒在血泊中。""敌人白天已为他们挖了深坑，这坑横直都备着人的身长。敌人将他们每个身体的脚镣敲下，便和画井字一样，每两个尸体一排抛下去，像宝塔一样。等尸体堆齐坑面，再盖上泥土，平了坑面。一切都已做好，时间快下半夜了。"李求实等二十四人就这样秘密牺牲于龙华，史称"龙华二十四烈士"。

李求实从16岁参加革命，为党的事业战斗了十二年，牺牲时，只有28岁。"吾生也有涯，而知也无涯"是李求实崇尚的名

镌刻李求实等英烈姓名的"龙华墙"

言，文字便是他最鲜明有力的武器，勇敢地刺向吃人的封建制度，刺向黑暗的军阀统治，用生命去诠释一名共产党人的伟大责任和时代担当。1933年鲁迅先生写下《为了忘却的记念》一文追悼"龙华二十四烈士"中的李求实、柔石、胡也频、殷夫、冯铿五位左联作家，称他们为"中国很好的青年"，文末这样写道"不是年轻的为年老的写纪念，而在三十年中，却使我目睹许多青年的血，层层淤积起来，将我埋得不能呼吸，我只能用这样的笔墨，写几句文章，算是从泥土中挖一个小孔，自己延口残喘，

中国左翼作家联盟会
址纪念馆的左联五烈
士雕塑

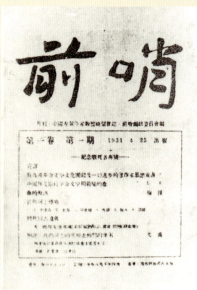

《前哨》悼念左联五烈士专号

1931 年 2 月 7 日，国民党
在龙华秘密杀害左联五作
家：李求实、柔石、胡也
频、殷夫、冯铿。左联发
表宣言，揭露国民党的血
腥屠杀

李求实画传

这是怎样的世界呢，夜正长，路也正长，我们不如忘却，不说的好罢。但我知道，即使不是我，将来总会有记起他们，再说他们的时候的。"抚今追昔，我们又怎会忘怀呢?

历史是公正的，1945年4月20日中共六届七中全会通过《关于若干历史问题的决议》，对李求实等同志做出了公正的评价："其实，当时的所谓'右派'，主要地是六届四中全会宗派主义的'反右倾'斗争的产物。""关于林育南、李求实、何孟雄等二十几个党的重要干部，他们为党和人民做过很多有益的工作，同群众有很好的关系，并且接着不久就被敌人逮捕，在敌人面前坚强不屈，慷慨就义。""所有这些同志的无产阶级英雄气概，乃是永远值得我们纪念的。"

李求实大事年表

1903 年

8 月　出生于湖北武昌。

1911 年

就读武昌高等小学。

1917 年

考入武昌高等商业专科学校。

1919 年

5 月　参加武汉学生声援五四运动的示威游行。

秋　到湖南考察，撰写《水口山铅矿调查记》发表于《湖南》第三号。

1920 年

年初　加入利群书社。不久，到湖北黄陂县余家湾正谊小学教书。

2 月　撰写的《湖南学潮之前因后果》发表于《湖南》第四号。

7 月 25 日　撰写的《湖南善后问题》发表于《东方杂志》

第十七卷第十四号。

8 月 25 日　撰写的《争自由》发表于《东方杂志》第十七卷第十六号。

9 月　随恽代英到皖南宣城第四师范学校附读。

1921 年

5 月　随恽代英离开宣城，到泾县南陵和黄山山区做农村调查。

夏初　到湖北黄冈林家大湾浚新小学教书。

7 月　与恽代英、林育南等人创立共存社，当选总务股编印干事。

秋　随恽代英到四川泸州师范读书。

1922 年

加入中国共产党，回到武汉参加中共武汉区委的工作，负责编辑《日日新闻》。

2 月　在《民国日报》副刊《觉悟》发表诗作《小儿底怨语》。

3 月　翻译小说《爱字底失却》《生》载于《晨报副刊》。

7 月　翻译小说《范伽》载于《民国日报》副刊《觉悟》。

10 月　湖北省工团联合会成立，当选教育副主任委员。

12 月　参加汉冶萍工会成立大会，并发表演说。

翻译小说《寂寞的地位》载于《妇女杂志》第八卷第十二号。

1923 年

1 月下旬　为成立京汉铁路总工会，赴郑州参加总工会党团会议。

2 月　组织京汉铁路罢工工作，撰写《施洋底死》。

4 月　到江西安源工作，任安源青年团地委委员，兼任安源路矿工人俱乐部文书股股长。其间，主编《安源月刊》《安源路矿工人俱乐部罢工胜利纪念册》，协助刘少奇撰写《俱乐部组织概况》。

8 月　到南京出席中国社会主义青年团第二次代表大会，当选团中央候补委员。

创作小说《姊姊的屈服》《除夕》载于《妇女杂志》第九卷第八、九号和第十二号。

11 月　撰写的《苏维埃俄罗斯财政现状》载于《新建设》第一卷第一期。

12 月　撰写的《煤油与国际政治关系》载于《新建设》第一卷第二期。

年底　调上海团中央宣传部，担任《中国青年》编辑。

1924 年

1 月　撰写的《爱尔兰独立战争史》载于《新建设》第一卷第三期。

2 月　翻译剧本《说诳人》载于《妇女杂志》第十卷第二号。

3 月　翻译《俄国农民与革命》，后连载于《新建设》第一卷第五、六期。

4 月　团中央局常务委员会成立，任农工部主任。

翻译小说《猎人》载于《学生杂志》第十卷第四号。

6 月　撰写的《送太戈尔》载于《民国日报》副刊《觉悟》。

仲夏　被派往莫斯科东方劳动者共产主义大学学习，任中国班党支部委员和团支部书记。

10 月　任中共第四期旅莫支部委员会编辑委员会委员。

12 月　翻译的《青年期的女子》载于《妇女杂志》第十卷第十二号。

1925 年

1 月　任中国社会主义青年团旅莫地方执行委员会委员、训练部主任。

4 月　任中国社会主义青年团旅莫地方执行委员会书记、中国班支部委员。

6 月　回国后在上海团中央工作，并担任《中国青年》主编。

9 月　撰写《特别关税会议》《政局之最近的一幕》《评胡适之的"新花样"》等文章发表于《中国青年》。

秋　调到河南开封，担任中共豫陕区委委员和豫陕区团委书记，并组织河南书店，发行《中国青年》，进行革命宣传。

1926 年

1 月　协助成立河南青年协社。

春夏之交　调回上海，担任《中国青年》主编，陆续发表了《我们的功罪——斥醒狮派诸领袖》《红色的五月》《五卅杂话一束》《国家主义派的"实际行动"》《近来颇有些妄言家》等文章。

8 月　调到广州，担任两广团委宣传部长。创办并主编《少年先锋》，陆续发表了《寄元暎——代发刊词》《四年来的一个疑问——"广州学生哪里去了？"》《分崩离析的广州学生》《"懒牛多屎尿"——海丰的农民生活》等文章。

11 月　筹备欢迎鲁迅到中山大学任教的事宜。

冬　与陈修良结婚。

1927 年

1 月　调到湖南工作，任团省委书记。

4 月　到武汉参加中共第五次全国代表大会，随后参加共青团第四次代表大会，当选为团中央委员，任团中央宣传部长。

夏　安排团中央撤到上海。并创办刊物《飞沙》，教育群众，宣传革命。

秋 调到广州担任团中央南方局书记，主持两广、闽南、云南的团务工作。

11 月 在团中央扩大会议上，被取消团中央执行委员会委员资格，留团查看半年。

1928 年

年初 广州起义失败后回到上海。此后两年在上海从事文学工作，编写《俄国农民与革命》，翻译《朵思退夫斯基——朵思退夫斯基之日记及回想录》《十来年之俄罗斯》《动荡中的新俄农村》，编辑《俄国革命画史》等。

夏 处分撤销，任团中央宣传部长，并在党中央宣传部和中央党报委员会工作。

1929 年

4 月 创刊《上海报》，并担任主编。

5 月 创作爱情微型小说《清晨》和诗《梦》，载于《台中》半月刊第九至十期。

1930 年

2 月 任中央党报委员会委员，翻译《纽约〈泰晤士报〉驻莫斯科通讯员》载于《北新》第四卷第三期。

3 月 出席左翼作家联盟成立大会，成为工农兵通讯委员会委员。

5月　担任苏维埃区域代表大会中央准备委员会上海办事处负责人。

8月　参与编辑《红旗日报》，主编其副刊《实话报》，并协助全国总工会创办《工人日报》。

1931 年

1月　在东方旅社被国民党当局逮捕。

2月7日　在国民党淞沪警备司令部龙华看守所刑场就义。

参考文献

1. 中共中央党史和文献研究院：《中国共产党的一百年》(新民主主义革命时期)，中共党史出版社 2022 年版。

2. 中共党史人物研究会编：《中共党史人物传》第 22 卷，陕西人民出版社 1985 年版。

3. 中共湖北省委党史资料征集编研委员会、湖北省中共党史人物研究会编：《李求实文集》，中央文史出版社 1991 年版。

4. 中央档案馆：《中共中央文件选集》第 6 册，中共中央党校出版社 1989 年版。

5.《上海区委组织报告》，载中央档案馆编：《上海革命历史文件汇集：中共上海区委文件（1925 年—1926 年)》，1986 年。

6. 李良明主编、孙泽学编：《湖北英烈文存·李求实卷》，华中师范大学出版社 2018 年版。

7. 龙华烈士纪念馆编：《英烈与纪念馆研究》(纪念"龙华二十四烈士"殉难 90 周年专辑)，上海教育出版社 2021 年版。

8. 丁景唐、瞿光熙编：《左联五烈士研究资料编目》，上海文艺出版社 1981 年版。

9.《红藏：进步期刊总汇（1915—1949）》，湘潭大学出版社2014年版。

10. 武昌县金口镇志编纂委员会编：《金口镇志》，新洲县第二印刷厂1991年版。

11. 中国人民政治协商会议武昌县委员会文史资料研究委员会编：《武昌县文史资料》第3辑，1988年。

12. 陈修良：《回忆李求实烈士》，载《党史资料》1955年第1期。

13. 方大炎编：《李伟森烈士革命史略》，1951年7月1日。

14. 张允侯、殷叙彝、洪清祥、王云开编：《五四时期的社团》(一)，三联书店1979年版。

15. 恽代英著、中央档案馆等编：《恽代英日记》，中共中央党校出版社1981年版。

16. 包惠僧：《"二七"回忆录》，工人出版社1957年版。

17. 罗章龙：《京汉铁路工人流血记》，河南人民出版社1981年版。

18. 姜沛南、沙尚之编：《陈修良文集》，上海社会科学院出版社1999年版。

19. 泰栋、亚平编：《沙文汉与陈修良》，宁波出版社1999年版。

20.《沙文求烈士在广州起义前后的七封书信》，载《文史资料选辑》第 65 辑，中华书局 1979 年版。

21. 长沙市革命纪念地办公室、安源路矿工人运动纪念馆编：《安源路矿工人运动史料》，湖南人民出版社 1980 年版。

22.《刘少奇与安源工人运动》，中国社会科学院出版社 1981 年版。

23. 中共中央党史资料征集委员会、中共广东省委党史资料征集委员会、广东革命历史博物馆编：《广州起义》，中共党史资料出版社 1988 年版。

24. 夏衍：《懒寻旧梦录》，江苏文艺出版社 2012 年版。

25. 马宁：《左联五烈士别记》，载《新文学史料》1980 年第 1 期。

26. 罗章龙：《上海东方饭店会议前后》，载《新文学史料》1981 年第 1 期。

27. 夏秋：《红旗、上海报、红旗日报简介》，载《党史资料》1955 年第 3 期。

后　记

　　为充分利用好上海丰富的红色资源，讲好红色故事，2023年中共上海市委党史研究室、龙华烈士纪念馆以左联五烈士为选题，推出龙华英烈画传系列丛书第二辑，能有机会承担李求实烈士画传的撰写工作，倍感荣幸。

　　李求实作为一名革命作家，与中国革命史、中国青年运动史紧密相连，但相较于柔石、胡也频等四位烈士，学术界对于他的研究相对较少，尚未出版过单体人物传记。20世纪90年代初由中国文史出版社出版的《李求实文集》是第一部较为全面研究李求实的著作。李良明教授主持的2011年度国家社科基金重大招标项目"中国共产党早期领导人遗著的收集、整理与研究"的子课题《湖北英烈文存·李求实卷》收集整理了李求实撰写的论文、编著等。这两部著作具有很高的参考价值，对研究宣传李求实大有裨益，在此向各位前辈致以诚挚的谢意！

　　为收集资料，我们先后走访了上海图书馆、中国左翼作家联盟会址纪念馆、上海鲁迅纪念馆、武汉革命博物馆、金口古镇、安源路矿工人运动纪念馆等单位，收集了相关文献资料，在此向上述各单位提供的帮助表示感谢。本书的撰写得到了中共上海市委党史研究室、上海人民出版社、龙华烈士纪念馆的大力支持，专家学者进行审读和史实把关，提出了许多宝贵意见，在此一并表示由衷的感谢！

由于本人水平有限，漏误和不足之处，恳请广大读者予以批评指正。

作者

2023 年 7 月

图书在版编目(CIP)数据

李求实画传/中共上海市委党史研究室,龙华烈士
纪念馆编;黄秋雨著. —上海:上海人民出版社,
2023
ISBN 978-7-208-18556-2

Ⅰ.①李… Ⅱ.①中… ②龙… ③黄… Ⅲ.①李求实
(1903-1931)-传记-画册 Ⅳ.①K827=6

中国国家版本馆 CIP 数据核字(2023)第 177489 号

责任编辑 罗 俊 郑一芳
封面设计 周伟伟

李求实画传

中共上海市委党史研究室
龙 华 烈 士 纪 念 馆 编
黄秋雨 著

出 版 上海人民出版社
 (201101 上海市闵行区号景路 159 弄 C 座)
发 行 上海人民出版社发行中心
印 刷 上海中华印刷有限公司
开 本 720×1000 1/16
印 张 12
字 数 100,000
版 次 2023 年 10 月第 1 版
印 次 2023 年 10 月第 1 次印刷
ISBN 978-7-208-18556-2/K·3324
定 价 78.00 元